Denkzettel

für deine

Psychohygiene

Der Autor

Dr. phil. Dipl.-Ing. Helmut Huber

1979 - 1991   Leiter des Trainingsinstituts
helmut huber management-entwicklung
mit den Schwerpunkten Persönlichkeitscoaching,
Gesundheitscoaching und Businesscoaching.
18 Jahre Beirats- / Aufsichtsratsvorsitzender
bei einem namhaften Projektentwickler

1979 - 1991   Beratung und Training in den Themenfeldern:
- Kommunikation
- Mitarbeiterführung
- Personalbeurteilung und Auswahl
- Entwicklung von Unternehmensstrategien
- Coaching von Führungskräften

1962 - 1979   Studium der Geodäsie und Städtebau (Dipl.-Ing.)
Wirtschafts-Ing. (Aufbaustudium ohne Abschluss)
Philosophie / Psychologie (Dr.-phil.)
Tätigkeiten in wissenschaftlichen Einrichtungen

Dr. phil. Dipl.-Ing. Helmut Huber

Denkzettel

für deine

Psychohygiene

*Bibliografische Information
der Deutschen Nationalbibliothek:*

*Die Deutsche Nationalbibliothek verzeichnet diese
Publikation in der Deutschen Nationalbibliografie;
detaillierte bibliografische Daten sind im Internet über
http://dnb.dnb.de abrufbar.*

© 2024 **Dr. phil. Dipl.-Ing. Helmut Huber**

Johannisstraße 13
82418 Murnau

Tel: 08841-6277300
e-mail: helmut@huber-management.de

Cartoons: Erik Liebermann

Verlag: BoD • Books on Demand GmbH, In de Tarpen 42, 22848 Norderstedt

Druck: Libri Plureos GmbH, Friedensallee 273, 22763 Hamburg

ISBN: 978-3-7583-4017-8

Gebrauchsanweisung

Während meiner Tätigkeit als Trainer, Berater und Coach habe ich mich mit den Fragen meiner Kunden aus den Bereichen Persönlichkeitsentwicklung, Lebensqualität und Gesundheit auseinandergesetzt.

Dieses Know-how habe ich dann in Aufsätzen, Beiträgen für Zeitschriften und Büchern festgehalten.

Das vorliegende Buch ist kein Buch zum Lesen. Es ist ein Buch, das du „durchblättern" solltest, ob dich ein Thema interessiert. Das Thema kannst du dann genauer anschauen.

In diesem Buch findest du vier unterschiedliche Komponenten:

Vorschläge, die in kleinen Schritten deine psychische Gesundheit und Fitness verbessern können. Diese Vorschläge enthalten keine Begründungen. du kannst sie einfach nach Bedarf und Laune ausprobieren.

Aufsätze, in denen wichtige Gedanken erläutert sind.

Theoretische Beiträge, die für das Verständnis der Psychohygiene und deren Bedeutung für Deine Gesundheit wichtig sind.

Denkanstöße findest du an den textfreien Stellen in Form von Sprüchen - *rot und kursiv gedruckt* -, die in keinem Zusammenhang mit dem umgebenden Text stehen.

Inhaltsverzeichnis

- PSYCHOHYGIENE 3
- PSYCHOHYGIENE 4
- VERHALTENSÄNDERUNG 6
- LERNE WERTFREIE WAHRNEHMUNG 10
- WAHRNEHMUNG UND KONFLIKT 18
- WAHRNEHMUNG UND ANGST 21
- NUTZE DEIN UNTERBEWUSSTSEIN. 24
- VERZICHTE AUF MINDERWERTGEFÜHLE 25
- VORWÜRFE SIND DAS PROBLEM DES ANDEREN 27
- VERSTÄRKE DEINE POSITIVE GRUNDEINSTELLUNG 29
- NIMM BELEIDIGUNGEN ALS FEEDBACK 33
- LERNE LÖSUNGSDENKEN 35
- VERMEHRE DEINE POSITIVEN GEFÜHLE 37
- GESTALTE DEINE ERFAHRUNGEN POSITIV 39
- NUTZE DEINE STÄRKEN 41
- LMAA 42
- LERNE AUS DEINEN ERFOLGEN 43
- GENIEßE SO OFT ES GEHT 45
- VERBREITE GUTE LAUNE 46
- NIMM HERAUSFORDERUNGEN AN! 48
- FÜHRE EIN PSYCHOHYGIENE-TAGEBUCH 50
- GESTALTE DEINEN TAGESBEGINN POSITIV 51

GESTALTE EIN ERHOLSAMES TAGESENDE	52
LEGE DIR EINEN GLÜCKSBRINGER ZU	53
GLAUBE AN EINE HÖHERE GEWALT	54
OPTIMIERE DEINE REGENERATIONSPHASEN	55
ENTWICKLE DEINE SELBSTERKENNTNIS WEITER	57
BEGINNE, LEBENDIG ZU WERDEN	58
GESTALTE DEINE BEZIEHUNG PARTNERSCHAFTLICH	59
ENTWICKLE DEINE ZUVERSICHT	62
GESTALTE DEIN ARBEITSENDE POSITIV	64
MACHE DIR DIE MENSCHEN SYMPATHISCH	65
SCHAFFE DIR EIN BIOPHILES UMFELD	66
SAGE BEWUSST „NEIN"	68
SCHAU DIR AN, WO DU STEHST	70
NIMM DIR ZEIT FÜR DICH	71
LEBE RISKANT	72
ARBEITE NUR „GUT GENUG"	76
NUTZE DEINE PERSÖNLICHE SPERRZEIT	78
VERANTWORTE DEINE GEWISSHEITEN	79
WÄHLE DEINE VORBILDER BEWUSST AUS	81
GESTALTE BEWUSST DEINE LEBENSFREUDE	82
ARBEITE ERFOLGREICH	84
BEDANKE DICH BEWUSST	87
ENTWICKLE DEIN „IDEAL-ICH"	88

- ENTWICKLE DEINEN „EIGEN-SINN" 89
- ACHTE AUF DEINE ENERGIEBILANZ 92
- DENKE DICH GESUND 93
- NEUE AUFGABEN MACHEN DICH FIT 95
- ENTWICKLE DEIN SELBSTVERTRAUEN 96
- NUTZE DIE WIRKUNG DEINER SPRACHE 99
- RICHTE EINE DEINE „STILLE STUNDE" EIN 102
- FAUL SEIN BIETET CHANCEN 103
- DU WIRST DAS, WAS DU DENKST 105
- STEIGERE DEINE ZUFRIEDENHEIT 106
- SEI EGOISTISCH 107
- ENTWICKLE EINEN PLAN B 108
- SELBSTAKZEPTANZ 109
- STRAHLE SELBSTSICHERHEIT AUS 110
- SEI EINFACH GLÜCKLICH 112
- FEEDBACKSICHERHEIT 114
- HELFEN 118
- SELBSTMARKETING 122
- STREITEN IST HILFLOSIGKEIT 125

Psychohygiene

Du putzt täglich deine Zähne, was tust du für die Sauberkeit deiner Psyche?

Die WHO definiert:
Gesundheit ist der Zustand des völligen körperlichen, geistigen, psychischen, mentalen und sozialen Wohlbefindens.

Die geistige, die körperliche und die soziale Gesundheit beeinflussen sich wechselseitig.

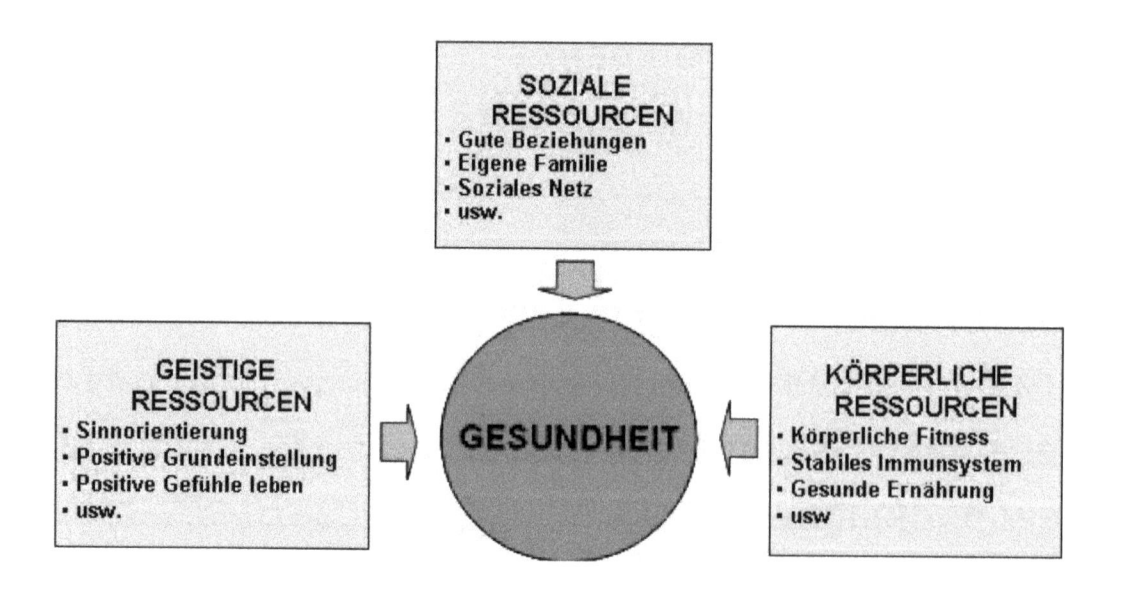

SOZIALE RESSOURCEN
- Gute Beziehungen
- Eigene Familie
- Soziales Netz
- usw.

GEISTIGE RESSOURCEN
- Sinnorientierung
- Positive Grundeinstellung
- Positive Gefühle leben
- usw.

GESUNDHEIT

KÖRPERLICHE RESSOURCEN
- Körperliche Fitness
- Stabiles Immunsystem
- Gesunde Ernährung
- usw

Die psychische Gesundheit setzt sich aus den Komponenten

Gedanken - Gefühle - Verhalten

zusammen. Diese drei Komponenten beeinflussen sich wechselseitig.

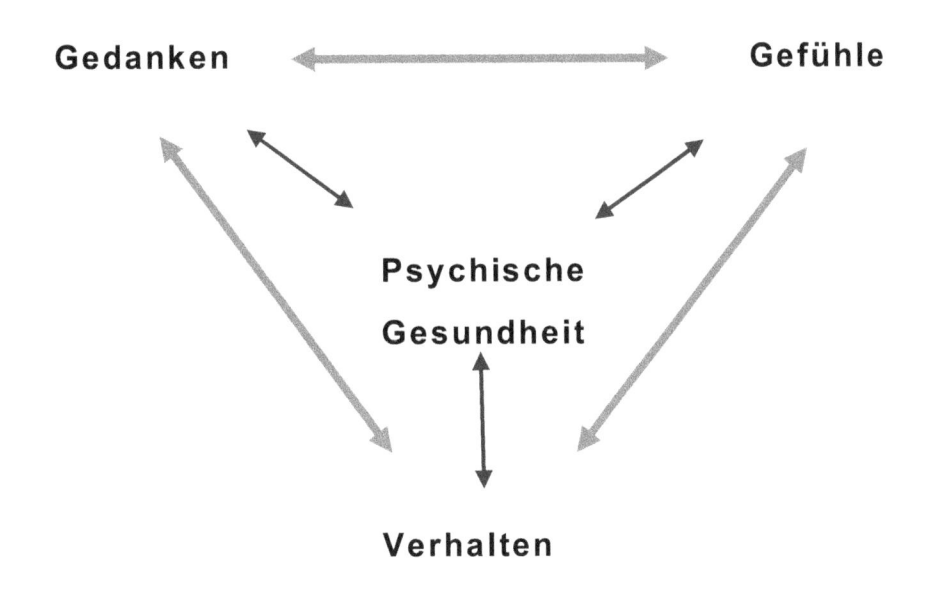

Gedanken ⟷ **Gefühle**

Psychische Gesundheit

Verhalten

Verändere bewusst eine der drei Komponenten und dein Leben wird sich positiv verändern.

Du kannst deine Gedanken und/oder deine Gefühle, und/oder dein Verhalten bewusst auf „positiv und gesund" trainieren, und damit wird sich dein psychisches Wohlbefinden und damit deine Gesundheit insgesamt deutlich verbessern. So wie ein Muskel schwindet, wenn wir ihn nicht bewegen, schwinden unsere psychischen Potentiale, wenn wir sie nicht bewusst trainieren.

Es gibt keinen Trainingsplan für die Psyche, der für alle Menschen gültig ist. Deshalb findest du hier eine Reihe von unterschiedlichen Vorschlägen für deine Psychohygiene.

Probiere einfach etwas aus!

Verhaltensänderung

Wer hat sich nicht schon an Silvester vorgenommen im nächsten Jahr das Rauchen aufzuhören, abzunehmen, ein anständiger Mensch zu werden usw. usw.;
und was ist daraus geworden?

Die Bereitschaft und die Fähigkeit, das eigene Verhalten langfristig zu ändern, sind individuell sehr unterschiedlich.

Eine Möglichkeit zur Verhaltensänderung besteht darin, dass du das gewünschte Verhalten so lange einübst, bis es internalisiert, d.h. zur Gewohnheit geworden ist. Diese Vorgehensweise ist sehr mühsam und verlangt sehr viel Selbstdisziplin. Wenn du die dazu notwendige Disziplin nicht aufbringst, gibt es eine Alternative:

Jede Situation, die wir erleben, wirkt sich sowohl auf unser Verhalten als auch auf unsere Gefühle, als auch auf unsere Gedanken aus. Darüber hinaus beeinflussen unser Verhalten, unsere Gefühle und unsere Gedanken sich gegenseitig.

Dieser Zusammenhang stellt sich im Reaktionsdreieck folgendermaßen dar:

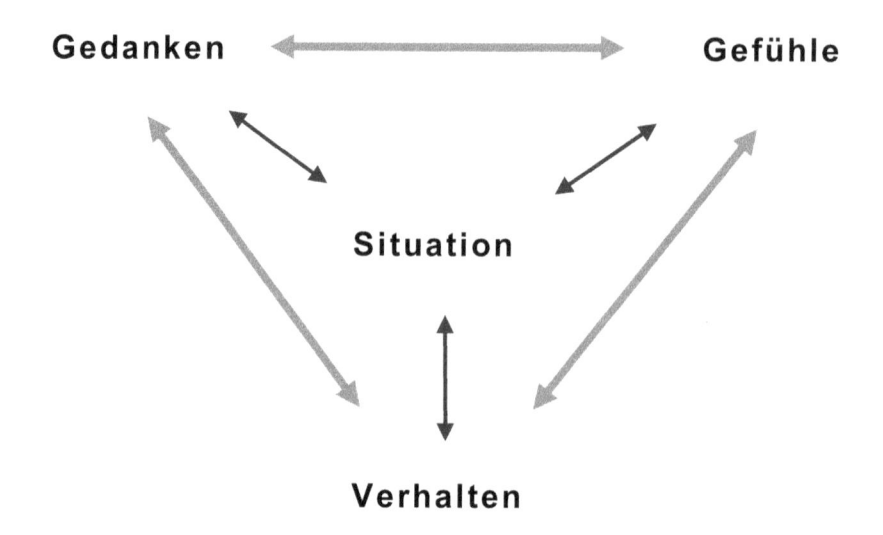

Gedanken ⟷ **Gefühle**

Situation

Verhalten

Reaktionsdreieck Beispiel 1

Diese Systematik gilt auch für zukünftige Situationen.

Beispiel: Morgen habe ich eine Präsentation

Deine Gedanken könnten sein: ,,**Ich schaffe das nicht**".

Dein Gefühl wird dann sein: **Angst**.

Dein Verhalten wird wahrscheinlich sein:
dein Gedächtnis funktioniert in der Vorbereitung nicht
und /oder du **wirst krank**.

Dein psychischer Zustand wird sein: **Stress**.

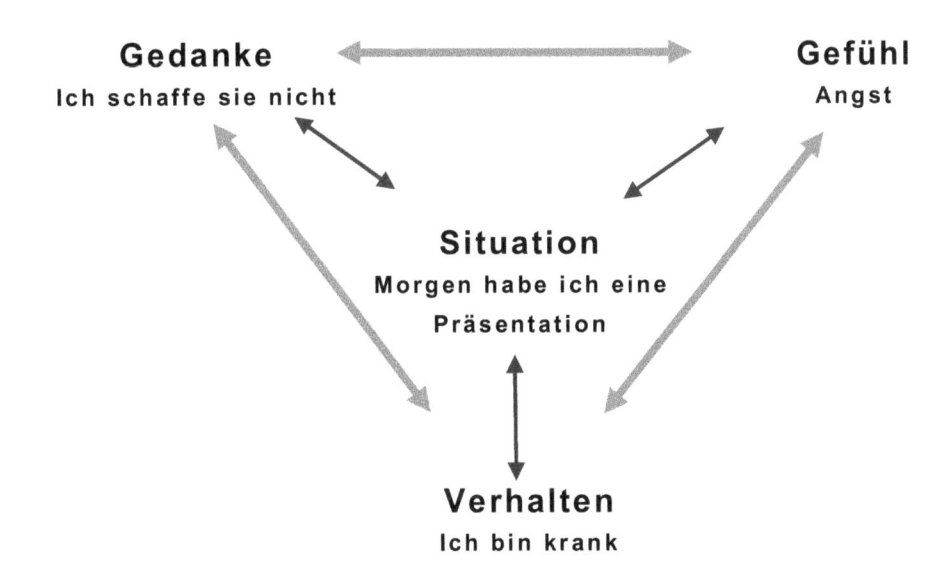

Gedanke
Ich schaffe sie nicht

Gefühl
Angst

Situation
Morgen habe ich eine Präsentation

Verhalten
Ich bin krank

Reaktionsdreieck Beispiel 2

In einer Besprechung widerspricht dir ein Kollege.

Deine Gedanken könnten sein: **"Gott sei Dank.**
(Jetzt kann ich zeigen, wie gut ich bin.)

Dein Gefühl wird dann sein: **Gelassenheit.**

Dein Verhalten wird dann wahrschlich sein:
Du schaust ihn an, du wendest dich ihm zu, du verwendest eine klare, deutliche Sprache. d.h. du **wirkst sicher.**

Dein psychischer Zustand wird sein: **Vorfreude**

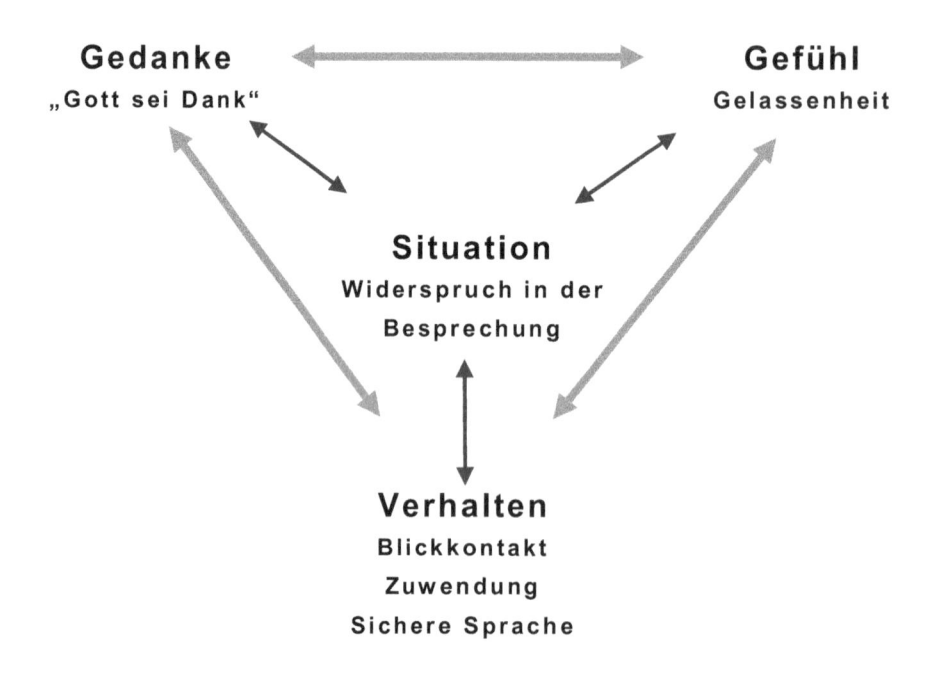

Gedanke
„Gott sei Dank"

Gefühl
Gelassenheit

Situation
Widerspruch in der
Besprechung

Verhalten
Blickkontakt
Zuwendung
Sichere Sprache

So kannst du dein Verhalten ändern:

- Formuliere alle Ziele für deine gewünschte Verhaltensänderung in der Gegenwartsform und als Feststellung
- Visualisiere deine Ziele (z.B. an deiner Pin-Wand, auf dem Bildschirmschoner, usw.)
- Verkünde deine Ziele deinen Partnern und Freunden
- Vereinbare deine Veränderungsziele mit einem Partner
- Erlebe deine Ziele in der Alpha-Phase
- Imaginiere deine Ziele in deiner „Stillen Stunde" (S.100)

Beispiele für Verhaltensziele:

- Ich bin bei Präsentationen ruhig und gelassen
- Ich sage „Nein", wenn andere etwas von mir wollen, was ich nicht will
- Ich gehe überschaubare Risiken ein
- Ich nehme Kontakt zu interessanten Menschen auf
- Ich registriere meine Stärken
- Bei Auseinandersetzungen bleibe ich sachlich usw.

Denkzettel: Verhaltensänderung

- **Suche immer nach Gründen für Veränderungen**
- **Erstelle regelmäßig dein Stärkenprofil**
- **Deine Persönlichkeit entwickelst du durch Reflektion deines Verhaltens**
- **Idee – Gedanke – Gewohnheit – Verhalten**
- **Ändere deine Einstellung und dein Verhalten ändert sich**
- **Ändere deine Gewissheiten und dein Verhalten ändert sich**

Lerne wertfreie Wahrnehmung

Mache aus deiner Wirklichkeit Realität

Unser Unterbewusstsein liefert uns permanent unbewusste Wertmassstäbe (Erfahrungen, Werte, Ansprüche, Bedürfnisse, Referenzgedächtnis), die das, was wir sehen, hören, schmecken, riechen oder haptisch erfahren, bewerten;

- d.h. unsere Wahrnehmung ist immer Interpretation
- d.h. unsere Wahrnehmung macht aus der Realität unsere Wirklichkeit

Unser Wertsystem ist in der Amygdala angesiedelt.

Wir können Probleme nicht sehen, nicht riechen, nicht hören. Unsere Probleme werden von der Amygdala konstruiert.

Die Amygdala entscheidet, ob du Steine klopfst oder einen Dom baust

Unterscheide Wirklichkeit und Realität

Realität ist die tatsächlich gegebene Situation.

Wirklichkeit ist unsere, je subjektive Interpretation der Realität.

Diese Interpretation der Realität geschieht durch unsere Wahrnehmung. Es ist uns Menschen nicht möglich, die Realität zu erkennen; d.h. jeder Mensch nimmt automatisch eine gemeinsam beobachtete Situation (=Realität) unterschiedlich wahr. Unsere Wahrnehmung macht aus der Realität unsere eigene Wirklichkeit.

Dein Verhalten orientiert sich **nie** an der Realität, sondern nur an deiner Wirklichkeit.

Durch Kommunikation ist es uns möglich, die je eigenen Wirklichkeiten einander anzunähern; d.h. eine kollektive Rationalität zu erreichen.

Trainiere deine Wahrnehmung

Die summierten Inhalte unseres Gedächtnisses - d.h. unser „Referenzgedächtnis" - ist unser wichtigstes „Sinnesorgan". Wir können nur etwas erkennen, wenn in unserem Referenzgedächtnis eine Referenz vorhanden ist. (Ein erfahrener Pilze Sammler findet mehr Pilze als ein Anfänger.)

Je aufmerksamer und neugieriger du dein Leben erlebst, je mehr du bewusst wahrnimmst, desto mehr Referenzen bildet dein Gedächtnis und desto besser funktioniert es. Und: Über je mehr Referenzen du verfügst, desto mehr deiner Wirklichkeiten kannst du erkennen und in deine vorhandenen Erkenntnisse und Erfahrungen einordnen.

Junge Menschen lernen Neues besser.

Ältere Menschen können vorhandenes Wissen besser erweitern.

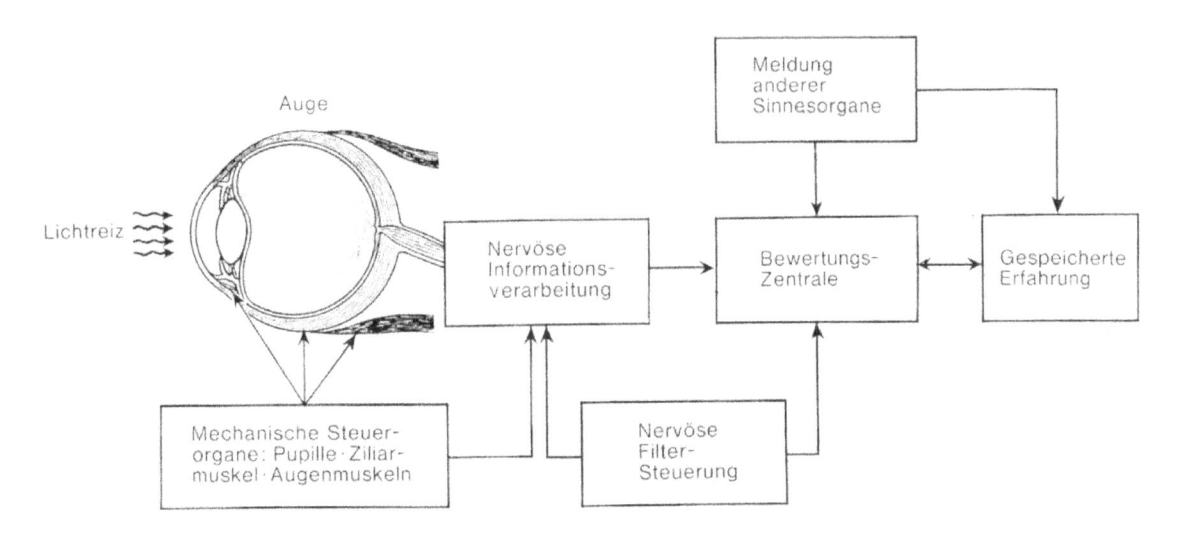

Das Referenzgedächtnis (= gespeicherte Erfahrungen) beeinflusst entscheidend deine Wahrnehmung und deine Fähigkeit zu erkennen

Beispiele für Wahrnehmung

Vielleicht fällt es dir schwer, in diesem Bild eine Kuh zu erkennen. (Sie steht seitlich und schaut dich an.)

Wenn dein Referenzgedächtnis sie erkannt hat, wirst du sie in Zukunft immer -auch in 10 Jahren noch - sofort erkennen.

Du kannst deine Wahrnehmung bewusst ändern

Fabel 1 zur Wahrnehmung: Alter Mann

Auf einem Hügel über einer Stadt sitzt ein alter Mann.

Ein Wanderer fragt ihn: „Wie sind die Menschen in dieser Stadt?"

Der alte Mann fragt zurück: „Wie waren die Menschen in der Stadt, aus der du kommst?"

Antwort: „Die waren falsch, unhöflich, neidisch usw."

Da antwortete der alte Mann: „Die Menschen in der Stadt da unten sind genauso."

Ein anderer Wanderer fragt ihn: „Wie sind die Menschen in dieser Stadt?"

Der alte Mann fragt zurück: „Wie waren die Menschen in der Stadt, aus der du kommst?"

Antwort: „Die waren ehrlich, offen, hilfsbereit usw."

Da antwortete der alte Mann: „Die Menschen in der Stadt da unten sind genauso."

Menschen sind nicht so, wie wir sie wahrnehmen, unsere Wahrnehmung macht sie so

Fabel 2 zur Wahrnehmung: Prinzessin

Es war einmal eine wunderschöne Prinzessin. Sie war verliebt in einen sehr attraktiven Prinzen. Eines Tages macht sich die Prinzessin auf den Weg in das Reich des Prinzen, um ihn zu heiraten. Auf dem Weg muss sie über einen Fluss. Über diesen Fluss führt eine Brücke. Die Brücke wird bewacht von einem Brückenwärter. Wie die Prinzessin zu dem Brückenwärter kommt, fragt sie ihn: „Lieber Brückenwärter, ich will zu meinem Prinzen, lass´ mich bitte über die Brücke." Der Brückenwärter antwortet: „Natürlich lass´ ich dich über die Brücke, aber nur, wenn du mit mir schläfst, dort hinter diesem Busch."

Die Prinzessin weiß nicht, was sie tun soll. Sie überlegt. Da fällt ihr ein - in einer Höhle unter ihrem Schloss wohnt ein weiser Mann.

Sie geht zu dem weisen Mann und fragt ihn: „Weiser Mann, was soll ich tun, der Brückenwärter lässt mich nur über die Brücke, wenn ich mit ihm schlafe." Da antwortet der weise Mann: „Das ist doch ganz einfach. Ich veranstalte für dich ein großes Fest. Wir laden alle jungen Männer unseres Reiches ein. du suchst dir einen aus, heiratest ihn, und vergisst deinen Prinzen."

Der Prinzessin behagt dieser Rat nicht. Sie überlegt wieder. Dann entscheidet sie sich, geht zu dem Brückenwärter, und geht auf seine Bedingungen ein.

Wie die beiden hinter dem Busch miteinander schlafen, kommt ein Kaufmann des Weges, sieht die beiden, geht zu dem Prinzen und erzählt dem Prinzen: „Lieber Prinz, ich habe gesehen, wie deine Prinzessin mit dem Brückenwärter schläft."

Als nach einiger Zeit die Prinzessin zu dem Prinzen kommt und sagt, dass sie ihn heiraten wolle, sagt er ihr: „Tut mir leid, ich kann dich nicht mehr heiraten. Ich habe gehört, dass du mit dem Brückenwärter geschlafen hast.

Mein Volk besteht darauf, dass ich eine Jungfrau heirate. Versteh´ bitte, dass ich dich nicht mehr heiraten kann. Ich wünsche dir alles Gute, aber heiraten können wir nicht."

Das war das Märchen. Wenn wir jetzt einmal überlegen, was für einen Eindruck die verschiedenen Menschen in dieser Geschichte bei uns hinterlassen haben, dann kann es durchaus sein, dass wir den Prinzen entweder als moralisch, pflichtbewusst, seinem Volke treu ergeben, oder auch als frigide, leichtgläubig, oder prinzipienreiterisch erleben.

Die Prinzessin können wir als zielorientiert, als konsequent, oder als labil und entscheidungsunfähig erleben.

Den Brückenwärter können wir entweder als clever, zielbewusst, geschäftstüchtig, oder auch als erpresserisch und unanständig erleben.

Den weisen Mann erleben wir vielleicht als pflichtbereit, kreativ, aber auch als phantasielos oder von fehlendem Einfühlungsvermögen geprägt.

Den Kaufmann erleben wir entweder als loyal, als treuer Diener seines Herrn, oder als Verräter oder Intrigant.

Alle diese Eindrücke, die diese Personen in der Geschichte bei uns hinterlassen, sind unsere, je subjektive Interpretation; d.h. unsere Wirklichkeit bzw. unsere Wahrnehmung.

Alles, was wir sehen, was wir hören, was wir erleben, wird sofort durch unsere Wahrnehmung interpretiert; d.h., wir projizieren permanent unsere eigene Wertvorstellung in alles hinein, was wir erleben.

Keiner dieser Begriffe, die wir den Personen oben zugeordnet haben, ist tatsächlich in der Geschichte vorgekommen.

Wenn wir einmal überlegen, was in der Geschichte passiert ist, was die Realität ist, was uns zu dieser Interpretation veranlasst hat, dann können wir nur sagen:

Der Kaufmann hat seinen Prinzen informiert. Ob wir das als Verrat oder als loyal erleben, hängt davon ab, auf welcher Seite wir mit unserem Herzen, d. h., mit unseren Wertvorstellungen stehen.

Der weise Mann hat einen Rat gegeben. Der Brückenwärter hat ein Angebot gemacht. Die Prinzessin hat ein Angebot angenommen.

Der Prinz hat entschieden. Je nachdem, wie wir diese Realität erleben, haben wir eine subjektiv je unterschiedliche Ansicht von dieser Geschichte.

D.h., ob wir das Handeln dieser Personen akzeptieren oder nicht, oder mit anderen Worten, ob wir sie sympathisch befinden oder nicht, hängt letztlich nur davon ab, ob wir zufällig dasselbe Wertsystem wie diese Personen haben. Wenn wir deren Wertsystem teilen, finden wir sie sympathisch, wenn wir sie nicht teilen, finden wir sie unsympathisch.

Fazit: Wir ordnen den Personen der Geschichte bedenkenlos Eigenschaften zu, die gar nicht **genannt werden.**

Das heißt:

Wir nehmen grundsätzlich wertend wahr und machen somit unbewusst aus der Realität unsere je subjektive Wirklichkeit.

Entweder zu erfüllst deine Pflichten oder du lebst

Mach dich nicht zum Sklaven deiner Wünsche

Wahrnehmung und Konflikt

Ständige Harmonie ist der Tod jeder Beziehung

Konflikte zwischen Menschen entstehen häufig dadurch, dass die Betroffenen dieselbe Situation unterschiedlich wahrnehmen.

In Konfliktsituationen ist es sehr schwer, die Situation realistisch zu sehen. Wir neigen dazu, vor allem, wenn wir emotional betroffen sind, nur unsere eigene Wahrnehmung als die einzig mögliche zu betrachten.

Wenn es in einer Beziehung keine Konflikte mehr gibt, ist sie eingeschlafen und es gibt keine Veränderung mehr. Auch eine Veränderung der Partner wird nicht mehr geschehen.

Konflikte sind in einer Beziehung sinnvoll und nützlich.

Die Vermeidung unnötiger Konflikte und die gemeinsame Bewältigung notwendiger und sinnvoller Konflikte mit minimalem emotionalem Aufwand sind eine der wichtigsten Garanten für eine langfristige positive Beziehung.

Bewältige deine Konflikte konstruktiv

Die Vermeidung unnötiger Konflikte und die Bewältigung notwendiger und sinnvoller Konflikte mit minimalem emotionalem Aufwand sind eine der wichtigsten Garanten für langfristige positive Beziehungen.

Fazit:

- Unnötige Konflikte vermeiden
- Notwendige Konflikte nach dem Win-Win-Prinzip endgültig bewältigen
- Aggressionen vermeiden
- Personale Verletzungen vermeiden

Um Konflikte konstruktiv zu bewältigen, ist es hilfreich, sich in die Wirklichkeit des Partners zu versetzen.

Bei der Bewältigung zwischenmenschlicher Konflikte, in die du selbst involviert bist, versuchst du, die Wirklichkeit deines Konfliktpartners zu erkennen und bittest ihn, zu versuchen, deine eigene Wirklichkeit zu erkennen.

Eine dazu geeignete Vorgehensweise sieht wie folgt aus:

1. Stelle die Konfliktsituation aus der Sicht deines Konfliktpartners dar, d.h. so wie du glaubst, dass er die Situation erlebt, und zwar so lange, bis er bestätigt, dass er die Situation so erlebt.
2. Anschließend bittest du ihn, die Situation aus deiner Sicht darzustellen und bittest ihn, so lange „nachzubessern", bis er die Situation so darstellt, wie du sie erlebst.

Wenn beide die Wirklichkeit des anderen akzeptiert haben, ist es in der Regel möglich, eine Vereinbarung im Sinne einer Win-Win-Situation zu treffen.

Es gibt: seine Wirklichkeit, Deine Wirklichkeit und die Realität

Denkzettel: Konflikt

- Konflikte werden nur durch Entscheiden gelöst
- Verzeihen ist Konfliktvermeidung
- Entwicklung einer autonomen Persönlichkeit ist über Konfliktbewältigung möglich
- Bei der Bewältigung von Konflikten darf es keinen Verlierer geben
- Jeder Konflikt ist eine Chance, autonomer zu werden
- Ein Leben ohne Konflikte ist langweilig
- Ein Konflikt ist immer ein Teil von dir
- Eine Beziehung ohne Konflikt ist tot

Wahrnehmung und Angst

Ängste und Sorgen sind Sondermüll

Nicht Menschen, Objekte, Situationen oder Ereignisse machen uns Angst, sondern nur wir selbst, indem wir sie entsprechend bewerten.

Eine Flugreise kann angenehm, spannend, interessant sein oder sie kann Angst machen, weil sie als gefährlich, anstrengend oder unangenehm erlebt wird.

Eine Präsentation kann eine Chance sein oder Angst erzeugen, weil du dich blamieren könntest.

Angst zu haben, ist häufig sinnvoll. Wenn wir zum Beispiel auf einem Turm stehen, hilft uns Angst, nicht hinunterzuspringen.

Angst entsteht durch unsere je subjektive Interpretation der Realität.

Jede negative Interpretation der Realität lähmt uns und hindert uns zu handeln.

> **Noch kein Problem dieser Welt wurde je durch „sich Sorgen machen" gelöst.**

Was kannst du tun, wenn so ein Schwall von Angst und/oder Sorgen dich überfällt?

Schalte sofort um, überlege und plane irgendwelche Lösungen, sonst besteht die Gefahr, dass du dich immer mehr in diese negativen Gedanken hineinfrisst.

Beispiel Angst

Realität:

Vor dir in fünf Meter Abstand leuchten zwei rote Lichter auf.

Situation 1

Du fährst mit 20 km/h auf eine Ampel zu.
Vor dir fährt mit 5 m Abstand ein Auto.
Das Auto vor dir bremst.
Du siehst zwei rote Lichter, die aufleuchten.
Deine Reaktion: wahrscheinlich Gelassenheit.

Situation 2

Du fährst mit 200 km/h auf der Autobahn.
Vor dir fährt mit 5 m Abstand ein Auto.
Das Auto bremst.
Du siehst zwei rote Lichter, die aufleuchten.
Deine Reaktion: wahrscheinlich Angst.

Maßnahmen gegen Angst

Es gibt Möglichkeiten, auftauchende Ängste zu bewältigen:

- Betrachte Angst als etwas Normales, das jedem passiert
- Stoppe angstmachende Gedanken durch eine Positiv-Imagination (S.46)
- Konzentriere dich auf etwas in der Außenwelt
- Konzentriere dich auf das, was du gerade tust
- Bleibe bei deiner Aktivität
- Gehe öfter überschaubare Risiken ein (S.72)

Probleme bildest du dir nur ein

Denkzettel: Angst

- Sorgen und Ängste vernichten deine Zukunft
- Kein Problem wird durch „Sorgen machen" gelöst
- Ängste und Sorgen reduzieren deine Lebensqualität
- Ein Problem ist immer ein Teil von dir
- Eifersucht ist Angst vor dem Vergleich
- Mutig bist du, wenn es für dich etwas Wichtigeres als Angst gibt
- Angst ist ein schlechter Berater
- Angst macht dich mittelmäßig
- Der größte Fehler ist die Angst, Fehler zu machen
- Die Angst vor einer Gefahr ist meist schlimmer als die Gefahr selbst
- Angst führt zu schlechten Entscheidungen

Nutze dein Unterbewusstsein.

Unser Unterbewusstsein beeinflusst wesentlich unsere psychische Gesundheit

Um es zur Stabilisierung unserer psychischen Gesundheit nutzen zu können, ist es wichtig zu wissen, wie es arbeitet:

- Unser Unterbewusstsein arbeitet ständig
- Unser Unterbewusstsein hat ein Vielfaches der Information, die das Bewusstsein hat
- Unser Unterbewusstsein kennt keine Negationen
- Unser Unterbewusstsein arbeitet mit Bildern
- Unser Unterbewusstsein kennt keinen Zufall
- Unser Unterbewusstsein ergänzt externe Informationen durch unsere Referenzerfahrungen und generiert damit unsere Wahrnehmung bzw. unsere Wirklichkeit.
- Unser Unterbewusstsein unterstützt unser Bewusstsein negativ und positiv
- Unser Unterbewusstsein lernt Krankheiten und teilweise auch Schmerzen genauso, wie wir z.B. eine Sprache oder Mathematik lernen.

Du kannst dafür sorgen, dass dein Unterbewusstsein deine psychische Gesundheit in deinem Sinne beeinflusst; z.B. durch:

- Affirmationen
- Entspannungstechniken
- Positiv-Imagination (S.46)
- Proaktive Imagination (S.48)

Verzichte auf Minderwertgefühle

Ohne Minderwertgefühle lebst du angenehmer

Je größer der Einfluss deiner Bedürfnisse und Ansprüche ist, desto größer das Risiko, Minderwertgefühle zu entwickeln.

Unsere Bedürfnisse und Ansprüche an uns selbst sind die Ergebnisse unserer Erziehung und Sozialisation.

Entscheidend ist nicht, was deine Erziehung aus dir gemacht hat. Entscheidend ist, ob du bereit bist, das, was du mitbekommen hast, verantwortet zu ändern.

Wenn du langfristig deine Bedürfnisse (Anerkennung, Sicherheit, Zuwendung usw.) nicht befriedigen kannst und/oder du langfristig deine Ansprüche an dich selbst (Treue, Loyalität, Zuverlässigkeit usw.) nicht erfüllst, besteht die Gefahr, dass du Minderwertgefühle entwickelst.

Misstrauen, Arroganz, Eitelkeit, Eifersucht, Neid, Geiz, Eitelkeit, Bosheit, Nörgeln, autoritäres Verhalten usw., stellen meist Kompensationen von Minderwertgefühlen dar.

Menschen mit Minderwertgefühlen versuchen entweder, andere zu dominieren oder durch Schwäche Druck auszuüben.

Menschen mit Selbstwertgefühl akzeptieren sich und andere so, wie sie sind.

Minderwertgefühle machen dich anfällig für Krankheiten.

Um deine Minderwertgefühle zu reduzieren, kannst du folgendes tun:

- Entwickle eigene Ziele und erreiche sie
- Erweitere deine Eigenverantwortlichkeit/Autonomie
- Stärke und nutze deine Stärken
- Lerne eine positive Grundeinstellung
- Mache regelmäßig Erfolgsanalysen (S.43)
- Sage bewusst „Nein"
- Genieße so oft es geht (S.45)
- Gönne die öfter etwas
- Gehe bewusst Risiken ein (keine Abenteuer)
- Führe ein Psychohygiene-Tagebuch (S.50)
- Strahle Selbstvertrauen aus (S.96)
- usw.

Niemand kann dir - ohne dein Einverständnis - das Gefühl geben, minderwertig zu sein

G.B. Shaw

Vorwürfe sind das Problem des Anderen

Schuld ist ein Konstrukt, das Menschen erfunden haben, um andere zu disziplinieren

Lebe ohne Schuldgefühle

Durch deine Erziehung bzw. durch deine Sozialisation in der Gesellschaft wurden bei dir Einstellungen installiert, die dafür sorgen, dass du dich gesellschaftskonform verhältst, d.h. Schuldgefühle sind lediglich Erziehungssignale.

Wenn du die Ursachen für deine Schuldgefühle reflektierst, kannst du einen Teil deiner sozialisierten Werte aufgeben und durch eigene ersetzen. Häufige Schuldgefühle führen in der Regel zu Minderwertgefühlen oder Kompensationsstrategien und destabilisieren damit deine Gesundheit. Wenn du mit deinem Verhalten in einer Situation nicht zufrieden bist, überlege dir, wie du in Zukunft in einer vergleichbaren Situation handeln wirst; dadurch werden sich deine Schuldgefühle reduzieren.

Schuldzuweisung ist der Versuch, Macht auszuüben.

Wenn dir jemand Schuld zuweist oder Vorwürfe macht, ist es wichtig, dass du dir bewusst machst, dass derjenige nur versucht, seine Wertvorstellungen, Einstellungen oder Meinung auf dich zu übertragen und dich dadurch unterwerfen oder disziplinieren will. Mit anderen Worten, wenn dir jemand Vorwürfe macht, hat **er** das Problem und **nicht du**.

Schuldgefühle sind nur Erziehungssignale

Denkzettel: Schuldgefühle

- Vorwürfe sind Hilflosigkeit
- Die richtige Reaktion auf Schuldzuweisung nimmt dem anderen die Macht
- Schuldzuweisung ist ein Mordversuch an der Beziehung
- Verzeihen ist unfair - es nimmt dem Partner die Möglichkeit, seine Schuldgefühle aufzuarbeiten
- Deine Sozialisation macht deine Schuldgefühle, nicht du
- Wenn du um Verzeihung bittest, schiebt du dem anderen die Verantwortung für deine Schuld zu

Verstärke deine Positive Grundeinstellung

Ob du eine negative Grundeinstellung hast, kannst du selbst nicht erkennen.

Menschen, die eine negative Grundeinstellung haben, sind überzeugt, dass die Gründe (warum man dem nicht vertrauen oder das nicht funktionieren kann usw.) so stichhaltig sind, dass sie sie selbst glauben. Erst im Dialog mit anderen können sie feststellen, dass es auch eine andere Sichtweise geben kann.

Gewohnheiten

Die Neurowissenschaftler weisen uns nach, dass wir 95% dessen, was wir tagtäglich tun, aus Gewohnheit tun; d.h. wir tun es, ohne jeweils neu zu reflektieren, was unser aktuelles Verhalten für Konsequenzen für uns selbst hat.

Daher ist es wichtig, dass du deine Gewohnheiten daraufhin prüfst, ob sie erfolgsfrei oder erfolgreich sind. So kannst du zu einer „Positive Grundeinstellung" kommen, die eine wesentlich höhere Lebensqualität zur Folge hat als eine negative Grundeinstellung.

Erfolgreiche Gewohnheiten

- Nimm dir Zeit für die wichtigen Dinge (S.84)
- Sieh bei den Dingen, die auf dich zukommen, Chancen
- Denke in Lösungen (ILD) (S.35)
- Wenn etwas schwierig aussieht: „gerade deswegen"
- Feiere und berichte Erfolge
- Entscheide! (Das Schlimmste ist: nicht entscheiden)
- Erledige vor allem die wichtigen Dinge
- Lehne ab, Unwichtiges zu tun
- Lehne ab, Unzumutbares zu tun
- Setze - wo es geht - Prioritäten

- Überlege nicht lange, fang an
- Informiere dich und bilde dir deine Meinung
- Wisse immer, was du willst
- Orientiere dich an Besseren
- Führe ein Psychohygienetagebuch
- Bewältige deine Konflikte
- Habe den Mut zu vertrauen
- Entwickle realistische Ziele
- Mache regelmäßig Erfolgsanalyse
- Erledige Unangenehmes zuerst
- Nimm Herausforderungen an
- Hol dir Feedback über deine Positive Grundeinstellung
- usw.

So kannst du deine positive Grundeinstellung lernen:

Aufgabe unseres Verstandes ist es, uns in Lage zu versetzen, unsere Lebenssituationen zu bewältigen. Menschen, die ihren Verstand missbrauchen, um nicht aktiv werden zu müssen, sind sich dessen nicht bewusst. Sie sind z.B. überzeugt, dass die gefundenen Gründe gerechtfertigt sind, dass ihre Situation wirklich schwierig ist, dass sie für diese Arbeit keine Zeit haben usw. . Erst ein Sparringspartner kann Dir aufzeigen, dass du eine gegebene Situation auch ganz anders sehen kannst. Erst wenn du z.B. in einer Sitzung, in der ein Teilnehmer wieder mit seinen Bedenken den ganzen Prozess aufhält, ein kleines Schild vor dir auf den Tisch stellst: „ILD" (in Lösungen denken), wird er erkennen, was er anstellt.

Wem du eine positive Grundeinstellung lernen willst, brauchst du einen Partner, der dir deine Vermeidungsstrategien aufzeigt und dir beim Wechsel zu einer positiven Grundeinstellung hilft.

Du kannst selbst nicht erkennen, ob du eine negative Grundeinstellung hast. Deshalb ist es wichtig:
ob andere dir eine positive Grundeinstellung bestätigen.

Eine positive Grundeinstellung ist eine Folge von erfolgreichen Gewohnheiten.

**Erfolgreiche Menschen
haben erfolgreiche Gewohnheiten.**

Auswirkungen auf die Handlungsfähigkeit

Menschen mit einer positiven Grundeinstellung haben folgende Eigenschaften:

- In scheinbar ausweglosen Situationen sind sie handlungsfähig
- In Situationen, die Initiative erfordern, sind sie aktiver
- Bei Entscheidungen sind sie vor störenden Zweifeln geschützt
- Bei der Vorbereitung von Handlungen sind sie effektiver

Auswirkungen auf die Persönlichkeit

Menschen, die eine positive Grundeinstellung haben:

- sind gesünder
- haben ein stabileres „psychosomatisches" Immunsystem
- sind erfolgreicher
- haben mehr Spaß an der Arbeit
- haben ein stabileres Selbstwertgefühl
- wirken angenehmer auf ihr Umfeld
- haben mehr gute Freunde
- bekommen mehr Anerkennung und Zuwendung
- bewältigen Krisen leichter
- haben mehr Freude am Leben

Eine Positive Grundeinstellung ändert dein Leben

Denkzettel: Positive Grundeinstellung

- Registriere bewusst alles, was schön und gut ist
- Ein Optimist ist ein Pessimist, der nachgedacht hat
- Erzähle zuhause nur Positives von deiner Tagesarbeit
- Pflege positive Erinnerungen
- Positive Grundeinstellung stärkt dein Immunsystem
- Positive Grundeinstellung ist die Basis für dein Glück
- Verstärke positive Erlebnisse durch (mit)-teilen.
- Positive Grundeinstellung lässt mehr Positives erleben

Nimm Beleidigungen als Feedback

Nur du entscheidest, ob du beleidigt bist

Beleidigt sein, verletzt sein usw., sind Ausprägungen von Auto-Aggression und zeigen dir, dass du einen inneren Konflikt hast, den du möglichst bald aufarbeiten solltest.

Auto-Aggression macht krank

Wenn jemand zu dir oder über dich etwas Negatives sagt, bist du manchmal beleidigt oder verletzt und manchmal nicht.

Wenn du sicher bist, dass der Vorwurf nicht zutrifft, wird dich das nicht betroffen machen.

Nur wenn der andere einen Schwachpunkt bei dir anspricht, der dir - meist unbewusst – sehr wichtig ist, wirst du beleidigt sein.

Wenn ein Vorwurf dich betroffen macht, verletzt oder beleidigt, solltest du über das angesprochene Thema nachdenken und überlegen, ob deine Grundeinstellung deine Reaktion verursacht hat.

Wenn du bei dir einen „wunden Punkt" findest, evtl. mit einem Freund darüber sprichst, und dann bewusst deine Einstellung änderst, wirst du immun gegen Beleidigungen.

Sei dankbar für Vorwürfe. Nimm Vorwürfe als Feedback, das du nutzt, um zu entscheiden, ob du deine Einstellung ändern willst.

Nur du entscheidest, ob du beleidigt bist

Denkzettel: Beleidigungen

- Nur wenn der Partner einen Schwachpunkt bei dir anspricht, wirst du verletzt oder beleidigt sein
- Sei dankbar für jeden Vorwurf; du lernst etwas über dein Fremdbild
- Betrachte Vorwürfe nur als Feedback
- Nutze Vorwürfe, um zu entscheiden, ob und wie du deine Einstellungen ändern willst
- Überlege bei jedem Vorwurf, ob nicht doch etwas dran ist

Lerne Lösungsdenken

Bedenken bringen keine Lösungen

Bedenken zu haben, Schwierigkeiten oder Probleme zu sehen, sind eine angelernte Denkgewohnheit, mit der wir uns selbst eine Ausrede konstruieren, um Dinge, die uns unangenehm sind, nicht tun zu müssen.

Unsere Intelligenz haben wir, um Lösungen für unsere Lebensbewältigung zu finden. Bedenken entwickeln, stellt einen Missbrauch der Intelligenz dar.

Jeder Gesprächsbeitrag, jeder Diskussionsbeitrag, jeder Gedanke, der uns nicht weiterbringt, der keinen Lösungsansatz aufzeigt, will nur erreichen, dass wir Dinge, die uns unangenehm sind oder uns Angst machen, nicht erledigen müssen.

Es macht keinen Sinn, Bedenken zu diskutieren:
Frage, wenn andere Bedenken äußern, sofort nach Lösungsvorschlägen.

Lösungsdenken lernen

Wenn du einige Zeit bewusst darauf achtest, dass du jedes Mal, wenn du eine Situation als schwierig empfindest, sofort umschaltest und überlegst, was du selbst in dieser Situation tun könntest. Du kannst deine Kreativität bewusst daran gewöhnen, bei komplexen Aufgaben in Lösungen zu denken. Du kannst auch einen Zettel mit **„ILD"** (in Lösungen denken) an deine Pinnwand heften.

Problem- und Lösungsdenken bedeuten für unser Gehirn den gleichen mentalen Aufwand. Wenn du sich dazu entschliesst, dein Lösungsdenken bewusst zu trainieren, wird deine psychische Widerstandskraft (Resilienz) stärker werden und damit deine Stressstabilität. Eine weitere Konsequenz eines internalisierten Lösungsdenkens ist die Verbesserung deiner „Selbstwirksamkeits-Erwartung", d.h. deine Überzeugung, Herausforderungen positiv bewältigen zu können.

Verzichte auf die Suche nach Problemen

Denkzettel: Lösungsdenken

- Nur Lösungsdenken bringt dich weiter
- Denke nur über Dinge nach, die du ändern kannst
- Mache dir keine Gedanken, denke
- Denke in Lösungen, statt Probleme zu wälzen
- Nur wenn du in Lösungen denkst, denkst du
- Die Weisheit kommt nicht mit dem Alter, sondern durch Denken
- Dein Denken macht die Dinge gut oder schlecht

Vermehre deine positiven Gefühle

Positive Gefühle machen dein Leben lebenswert

Jede Situation, die wir erleben, erzeugt positive oder negative Gefühle.

Negative Gedanken führen dazu, dass unser Gehirn Hormone produziert, die unserer Gesundheit schaden.

- Ersticke negative Gefühle im Keim, damit du keine Macht über dich bekommen.

Eine wichtige Möglichkeit, negative Gefühle zu reduzieren, ist, sofort positive Gefühle dagegenzusetzen, indem du z.B.:

- eine Tätigkeit beginnst, die du gerne machst, und die dir Spaß macht
- du dich an eine schöne, angenehme, erfolgreiche Situation erinnerst und diese gedanklich und emotional ausmalst
- in deinem Erfolgstagebuch blätterst
- usw.

Positive Gefühle kannst du vermehren und verstärken, indem du:

- positive Erlebnisse bewusst intensiver erlebst
- du sie mit anderen teilst
- du dich in einer ruhigen Minute daran erinnerst
- und dabei nicht nur an sie denkst, sondern du sie nochmal „erlebst"

Erlebe positive Gefühle intensiv

Denkzettel: Positive Gefühle

- Positiven Gefühle, machen dein Leben bunter
- Positive Gefühl haben positive Nebenwirkungen
- Positives Denken generiert positive Gefühle
- Deine positiven Gefühle brauchen Freiraum
- Vorsätze, die mit positiven Gefühlen verbunden sind, prägen sich stärker ein
- Beachte deine positiven Erlebnisse, sie fördern positive Gefühle

Gestalte deine Erfahrungen positiv

Es gibt keine negativen Erfahrungen

Menschen, die 30 Jahre dieselbe Tätigkeit ausgeübt haben, haben keine Erfahrung, sondern nur Routine und diese tötet jede Innovation.

Erfahrungen sind Lernprozesse aus eigenen Erlebnissen.

Unsere Erfahrungen beeinflussen unser zukünftiges Handeln und damit unsere Lebensqualität.

Durch die Schlussfolgerungen, die du aus deinen Erlebnissen ziehst, entscheidest du selbst, welche Erfahrungen du machst.

Beispiel:

Wenn dir in Venedig die Geldbörse gestohlen wird, kannst du verschiedene Schlussfolgerungen daraus ziehen bzw. Erfahrungen machen:

- Alle Italiener sind Diebe.
- Ich fahre nie wieder nach Italien.
- Ich gebe in der Stadt das Geld in einen Brustbeutel.
- Ich nehme in Venedig nur Kleingeld mit.
- usw.

Nicht das Erlebnis beeinflusst dein zukünftiges Leben, sondern, was du durch dieses Erlebnis lernst, d.h. deine Erfahrung - und die kannst du bewusst gestalten.

Deine Schlussfolgerung, d.h. deine Erfahrung beeinflusst dein zukünftiges Handeln und damit alle deine Entscheidungen und Strategien.

Ziehe die richtigen Schlussfolgerungen

Denkzettel: Erfahrungen

- Erfahrungen machst du nur aus eigenen Erlebnissen
- Vor allem aus schlimmen Erlebnissen kannst du positive Erfahrungen machen
- Eigene Erfahrung bringt dir mehr als die Ratschläge anderer
- Jede Herausforderung bringt neue Erfahrungen
- Nimm Fehler als Chance für Erfahrung
- Bedauere nichts: Wenn es gut war, ist es schön, wenn es nicht gut war, mache eine positive Erfahrung daraus
- Routine lähmt - Erfahrung fördert

Nutze deine Stärken

Schwächen kompensieren, schafft Mittelmäßigkeit

Wenn du dir deine Stärken bewusst machst, sie ausbaust und deine mentalen Potenziale nutzt, wirst du erfolgreicher, glücklicher und gesundheitlich stabiler werden.

Stärken stärken, schafft Hervorragendes

Denkzettel: Stärken

- Deine Stärken sichern deine Zukunft
- Ergänze regelmäßig dein Fähigkeitsprofil
- Beachte alles Positive an dir, damit es verstärkt wird

LMAA

Die Einstellung **„Lächle mehr als Andere"** hilft dir, deine Beziehungen zu pflegen, neue Freunde zu gewinnen und netten Menschen zu begegnen. Sie bringt dir einen Hormonspiegel, der deine Lebensqualität wesentlich verbessert.

Lachen hat folgende gesundheitlichen Effekte:

- Der Blutdruck sinkt: → Längeres Leben
- Starke Ausatmung: → Sauerstoffdusche
- Reduktion von Cortisol: → Gelassenheit
- Endorphin Schüttung: → Positive Gefühle
- Immunabwehr wird stabiler : → Gesundheit

-

Mit Lächeln gewinnst du ein biophiles Umfeld

Lerne aus deinen Erfolgen

Aus Misserfolgen lernen, ist mühsamer

Es ist wichtig, dass du bei erfolgreich abgeschlossenen Aktivitäten analysierst, welche eigenen Stärken, d.h.

- Eigenschaften
- Vorgehensweisen
- Fähigkeiten
- Verhaltensweisen
- Strategien usw.

zu deinem Erfolg geführt oder beigetragen haben.
(Am wirkungsvollsten geht das im Alpha-Zustand.)

Wenn du dich bei der Übernahme von neuen Aufgaben an deinem Stärkenprofil orientierst, wird dir die Arbeit mehr Spaß machen und du wirst erfolgreicher sein.

Darüber hinaus leisten das Registrieren und Analysieren von Erfolgen einen wesentlichen Beitrag zur Stabilisierung deines Selbstwertgefühls.

Dein Selbstwertgefühl braucht Erfolgsanalysen

Denkzettel: Erfolgsanalysen

- Ergänze dein Stärkenprofil laufend
- Deine Erfolge machen dich mutig
- Langfristig erfolgreich bist du nur, wenn du weißt, warum du erfolgreich bist
- Tu das, was du kannst, und du bist gut
- Eigene Ziele sind die Basis für deinen Erfolg
- Feiere deine Erfolge -das stärkt dein Selbstwertgefühl
- Deine Erfolge machen dich attraktiv
- Erfolgreiche Gewohnheiten machen dich erfolgreich
- Erfolg gibt Recht
- Nichts ist überzeugender als der Erfolg
- Gehe neue Wege gehen, um erfolgreich zu sein
- Hab Freude an allem, was du tust, - damit du noch erfolgreicher wirst

---

*Jeder Augenblick, den du nutzt,
ist ein Gewinn für dein Leben*

*Du wirst nicht für das, belohnt
wozu du imstande bist,
sondern für das, was du tust*

Genieße so oft es geht

Genießen macht dich stark

Wenn wir, auf etwas nicht verzichten wollen oder können, uns an etwas klammern, leben wir ständig in der Angst, es zu verlieren, und diese Angst hindert uns, es wirklich zu genießen.

Wenn du dir etwas gönnst, was du nicht brauchst, ist das ein Zeichen von Selbstachtung; d.h. Genießen stellt eine wesentliche Komponente zur Stabilisierung deines Selbstwertgefühls dar.

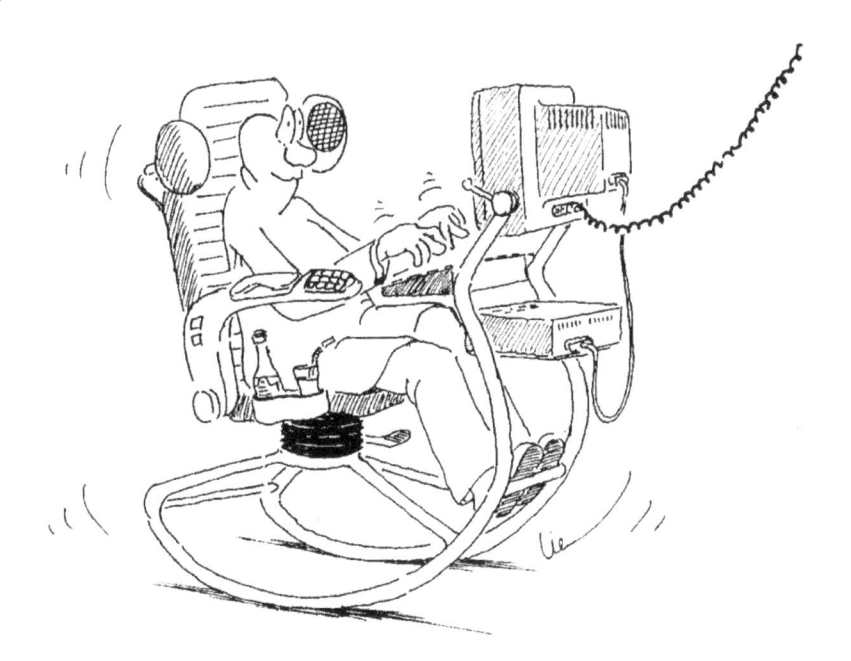

Genießen stabilisiert dein Selbstwertgefühl

Denkzettel: Genießen

- **Genieße den Augenblick - und du lebst**
- **Das Leben ist kurz, nimm dir Zeit es zu genießen**
- **Genieße, um dein Leben für dich wertvoll zu machen**

Verbreite Gute Laune

Schlechte Laune ist Sabotage an deiner Gesundheit

Wenn du gute Laune ausstrahlst, gewinnst du mehr Freunde und es geht dir selbst besser. Außerdem pegelt sich dein Hormonspiegel auf „gesund" ein.

Wenn du schlecht gelaunt bist, kannst du dir mit einer „Positiv-Imagination" gute Laune beschaffen.

Positiv-Imagination

ist ein Baustein aus dem Mentalen Training, das leicht zu lernen und sehr wirkungsvoll ist:

- Überlegen dir eine Situation aus deinem Leben, in der es dir so richtig gut ging - in der du mit dir und der Welt rundum zufrieden warst
- Erlebe diese Situation noch einmal
- Erlebe vor allem die Gefühle, die Freude, das Wohlfühlen, die Nähe der Menschen usw.
- Genieße diese Situation (S.45)
- Die Positiv-Imagination sollte mindestens eine Minute dauern (S.46)
- Wenn du die Positiv-Imagination länger machst, (z.B. 20 Minuten), wird sie zur Entspannungs- oder Meditationstechnik

Wenn du gute Laune ausstrahlst, bleibst du gesund

Denkzettel: Gute Laune

- Wenn du gute Laune haben willst, denke an die Situationen, die du genossen hast
- Stecke mit deiner guten Laune andere an
- Wenn du gute Laune bekommen willst, tu einfach so, als wäre sie schon da
- Gute Laune ist Massage für die Seele
- Verbreite gute Laune, dann hast du mehr Freunde

Nimm Herausforderungen an!

Du wächst mit jeder Herausforderung

Schwierigkeiten, Probleme, Sorgen usw. können wir nicht hören, riechen, fühlen oder sehen, d.h. wir können sie nicht wahrnehmen.

Unsere Erfahrungsgedächtnis und unsere Gedanken verändern die Realität in unsere je eigene Wirklichkeit. Wenn diese Veränderung negativ ist, erleben wir Probleme und Schwierigkeiten.

Durch bewusstes Ändern deiner Wahrnehmung kannst du aus einer schwierigen Situation, oder einem Problem, eine Chance oder Herausforderung machen und damit etwas, was dich fordert und fördert - was du gerne machst.

Mit einer „Proaktiven-Imagination" kannst du zukünftige Ereignisse, die dir schwierig erscheinen, in bewältigbare Herausforderungen umwandeln.

Proaktive-Imagination

Proaktive-Imagination ist ein Baustein aus dem Mentalen Training, der leicht zu lernen und mit dem du deine Wahrnehmung ins Positive verändern kannst:

- Entspanne dich (am besten mit einer Entspannungstechnik, die dich in den Alpha-Zustand bringt.)
- Erlebe ca. 1 Minute deine Positiv-Imagination
- Stelle dir die Situation vor, die dir unangenehm ist oder Angst macht und auf die du dich vorbereiten willst.
- Erlebe wie du diese Situation in möglichst vielen Details positiv und erfolgreich bewältigst.
- Erlebe anschließend, welche positiven Auswirkungen es für dich hat, wenn du die Situation erfolgreich abgeschlossen hast.

Nimm Herausforderungen an, damit du stärker wirst

Denkzettel: Herausforderungen

- Suche Herausforderungen, um zu wachsen
- Jede Herausforderung bringt neue Erfahrungen
- Wenn Schwierigkeiten auftauchen, nenne sie einfach Herausforderungen
- Suche neue Herausforderungen und nimm sie an

Führe ein Psychohygiene-Tagebuch

Beachte und gestalte deine positiven Erlebnisse

Durch das Eintragen in ein Tagebuch werden deine positiven Erlebnisse in ihrer Bedeutung für dich verstärkt und du kannst deine persönliche Entwicklung langfristig gestalten.

Halte regelmäßig - am besten täglich- mit nur einem Satz in deinem Tagebuch fest:

- Ein eigenes Erfolgserlebnis
- Eine glückliche Situation
- Eine Situation, in der du mutig warst
- Eine Lösung, die du selbst gefunden hast
- Eine Erkenntnis, die du gewonnen hast
- Eine Angstsituation, die du überwunden hast

Wenn dich dann einmal deine Energie im Stich lässt oder deine Stimmung am Boden ist, blätterst du in deinem Tagebuch und sofort geht es dir besser.

Darüber hinaus stabilisiert das Führen eines intelligenten Tagebuchs dein Selbstwertgefühl.

Ein Psychohygiene-Tagebuch macht dich stolz auf deine Vergangenheit und hilft dir, deine eigene Zukunft zu gestalten.

Denkzettel: Tagebuch

- **Führe ein Erfolgstagebuch - das baut dich auf**
- **Führe ein Mut-Tagebuch, damit du Respekt vor dir bekommst**
- **Führe ein Glücks-Tagebuch, damit du erlebst, wie schön dein Leben ist**

Gestalte deinen Tagesbeginn positiv

So, wie du deinen Tag startest, wird der ganze Tag

Es ist wichtig, dass du jeden Tag gelassen und mit einer positiven Grundeinstellung beginnst.

Dafür kannst du folgendes tun:

- Frühstücke in Ruhe
- Gönne dir etwas (z.B. Musik, eine Seite aus einem Buch)
- Überlege, wem du heute Freude bereiten willst
- Überlege dir eine Aktivität, auf die du dich heute freust
- Überlege dir eine Belohnung, wenn du die unangenehmste Aufgabe erledigt hast
- Es ist wichtig, dass du unangenehme Aufgaben wirklich immer zu Ende bringst

---

*Wenn du die Gedulde verlierst,
verlierst du deine Würde*

*Glücklich wirst du,
wenn du in einer Sache völlig aufgehst*

Glück ist, eine sinnvolle Aufgabe zu haben

Gestalte ein erholsames Tagesende

Mit einem schönen Abend bleibt der ganze Tag in guter Erinnerung

Lade nicht zu Hause den Ballast des Tages ab. Du hast nicht das Recht, die Familie als „Mülleimer" zu gebrauchen.

Für einen entspannten Abend kannst du folgendes tun:

- Erzähle Positives von der Arbeit!
- Interessiere dich für die Erlebnisse deiner Angehörigen!
- Mache irgendetwas Aktives. (Beim Fernsehen regenerierst du nicht.)
- Gönne dir eine persönliche Sperrzeit z.B. von 5 - 10 Minuten, um die Prioritäten für den nächsten Tag zu überlegen. (Es kann sein, dass dein Unterbewusstsein in der Nacht deine Prioritäten positiv ändert.)
- Praktiziere eine Entspannungstechnik

Denkzettel: Tagesende

- **Schlafe mit schönen Gedanken ein**
- **Schlafe mit einer Positiv-Imagination ein** (S.45)

Auf nichts verwendet der Mensch so viel Intelligenz und Kreativität, wie auf das Erfinden von Ausreden. In der Regel sind diese Ausreden so intelligent, dass wir sie selbst nicht als solche erkennen.

Watzlawick

Lege dir einen Glücksbringer zu

Wenn du an deinen Glücksbringer glaubst, hilft er auch

Menschen, die an Glücksbringer glauben, haben weniger Angst und sind zuversichtlicher, weil sie sicher sind, dass der Glücksbringer ihnen positive Erlebnisse bringen wird.

Das Gehirn verbindet mit den Glücksbringern positive Erlebnisse, Glückgefühle oder Erfolgserlebnisse usw. und es schüttet entsprechende Hormone aus.

Darüber hinaus beeinflussen Glücksbringer deine Wahrnehmung in Bezug auf die erwarteten Erfolge, sodass die positive Wirkung der Glücksbringer immer intensiver wird. (Selbsterfüllende Prophezeiung)

Glücksbringer können deine Zuversicht steigern

Die beste Medizin ist die Nähe eines Menschen, den du magst

Glück ist, eine unangenehme Aufgabe erledigt zu haben

Wünsche machen unglücklich

Glaube an eine höhere Gewalt
Meditieren macht dich sicher

Beim Beten und Meditieren sinken Atemfrequenz und Blutdruck und deine Hirnfrequenzen verändert sich in Richtung Alpha-Phase. Das bedeutet für dich Entspannung und Kreativität.

Alle Kulturen kennen einen Glauben an eine göttliche Macht, die sie vor den Gefährdungen unerklärbarer Phänomene der Außenwelt beschützt. Dazu entwickeln sie eine Meditationstechnik, die ihnen den Zugang zu dieser Metaebene ihres irdischen Lebens ermöglicht
(z.B. Drogen, Schwitzhütte, Kriegstanz, Trancetechniken).

Bete bzw. meditiere an einem Ort, an dem du dich wohlfühlst, und möglichst immer zur selben Zeit, damit es zu einem Ritual wird, das dein Schutzbedürfnis befriedigt.

Meditiere, um Innere Ruhe zu finden

Ermutigung ist Wertschätzung

*Wenn andere Probleme sehen,
kannst du zeigen, was du kannst*

Urteilen ist leichter als Denken

Optimiere deine Regenerationsphasen

Wenn du wenig Zeit hast, brauchst du eine Pause

Wenn deine Leistungskurve einen Tiefpunkt erreicht hat, brauchst du für deine Regeneration relativ lange. Wenn du die Erholungsphase etwas früher, - z.B. bei ca. 60% Leistungsverlust - machst, bist du wesentlich früher wieder leistungsfähig.

Um deine mentale und psychische Fitness zu erhalten, ist es sinnvoll, regelmäßige Regenerationsphasen zu planen:

- Verbringe deine Pausen grundsätzlich aktiv
- Richte für deine Essenszeiten Sperrzeiten ein und denke und spreche dabei nicht über die Arbeit
- Wechsele zwischen Anspannung und Entspannung
- Praktiziere eine Entspannungstechnik/Alphatechniken

**Wenn du intensiv arbeitest,
brauchst du intensive Pausen**

Denkzettel: Regeneration

- Denke in der Pause nicht an die Arbeit
- Plane erholsame Pausen bewusst ein
- Essenszeiten sind immer Pausen
- Wechsele zwischen Anspannung und Entspannung
- Nach einer Pause bist du konzentrierter und fitter
- Geplante Pausen erhalten langfristig deine Leistungsfähigkeit
- Durch bewusst gestaltete Pausen gewinnst du mehr Lebensqualität
- Nichts bringt dich im Leben besser voran als eine Pause

Das Urteil, das du über dich selbst fällst, beeinflusst dein ganzes Leben

Sei einfach stärker als deine Ausreden

Zufriedenheit ermattet den Geist

Entwickle deine Selbsterkenntnis weiter

Nutze jede Gelegenheit, um Feedback zu bekommen

Selbsterkenntnis meint nicht nur, deine dir nicht bekannten Eigenschaften und Fähigkeiten zu entdecken.

Selbsterkenntnis meint auch, bewusst zu entscheiden, wie du dich selbst und deine Talente entwickeln möchtest. Dabei ist wichtig, dass du dir bewusst machst, welche Herausforderungen und Aufgaben dir Spaß machen bzw. dir wichtig sind. Um sie bewältigen zu können, musst du wissen, welche Eigenschaften und Fähigkeiten du hast und brauchst. Dieses Wissen macht dich im Alltag entscheidungsfähig. Es ist wichtig, dass du diese Erkenntnisse einbindest in dein Netzwerk an Beziehungen wie Familie, Freunde, Kollegen usw.

Du handelst immer im Rahmen deines Netzwerkes. Du bist kein „idiotes", wie die Griechen einen Menschen bezeichneten, der außerhalb der Gemeinschaft lebte.

Denkzettel: Selbsterkenntnis

- **Selbsterkenntnis zeigt dir neue Wege auf**
- **Selbsterkenntnis ist der erste Schritt bei der Zusammenarbeit mit anderen**
- **Alles, was dir an anderen missfällt, kann für dich ein Stück Selbsterkenntnis werden**
- **Du erkennst dich selbst an deinem Handeln**
- **Halte nicht jeden, der dich bewundert, für einen Dummkopf**

Beginne, lebendig zu werden

Funktionierst du noch oder lebst du schon?

Kannst du verantworten, dass du einmal dem Menschen triffst, der du sein könntest?

Wenn du **dein** Leben leben willst, musst du es ständig verändern.

In dem Augenblick, in dem du etwas tust, was du wirklich selbst willst, beginnt dein neues Leben.

So kannst du anfangen:

Überlege etwas, was du wirklich gerne machen möchtest, was dir wirklich innere Zufriedenheit bringt, worauf du später stolz sein wirst, was für dich Sinn macht und

mach es einfach!

Denkzettel: Lebendig

- Spontanität macht dich lebendig
- Ändere ständig etwas in deinem Leben
- Wenn du dich nach außen orientierst, träumst du
- Orientiere dich nach innen, damit du lebendig wirst
- Nur du kannst dein Leben lebendig gestalten
- In dem Augenblick, in dem du etwas tust, was du wirklich selbst willst, wirst du lebendig
- Lebensfreude macht dich lebendig
- Ersetzte „funktionieren" durch „leben"
- Lebendig sein heißt: vorwärts gehen
- Wenn du lebendig bleibst, wirst du nicht alt
- Sammle die lebendigen Momente deines Lebens

Gestalte deine Beziehung partnerschaftlich

Deine Beziehung bewusst gestalten, schafft Liebe

Verliebtsein entsteht durch eine Hormonschüttung, die uns Menschen passiert und der wir ausgeliefert sind. Die Wirkung dieser Hormone lässt nach einiger Zeit nach und wir müssen entscheiden, ob wir aus dem Verliebtsein eine verantwortet gestaltete Beziehung machen wollen.

Bei einem Ungleichgewicht der Persönlichkeiten der beiden Partner entstehen symbiotische Beziehungen. Symbiotische Beziehungen sind in der Regel nicht geeignet zu gewährleisten, dass die Beziehung bzw. die einzelnen Partner sich positiv weiterentwickeln.

Nur partnerschaftliche Beziehungen gewährleisten, dass beide Partner in der Beziehung zufrieden sind und ein erfülltes Leben führen können.

Eine partnerschaftliche Beziehung setzt voraus, dass beide Partner -soweit möglich- eigenständig sind, sich gleichwertig fühlen und auch ohne den anderen leben könnten. Unabhängig davon suchen beide Partner bewusst eine sinnvolle Menge von gemeinsamen Zielen, Interessen usw., um neben dem eigenständigen, individuellen Leben das gemeinsame Leben verantwortet gestalten zu können.

Sowohl die je eigenen als auch die gemeinsamen Lebensinhalte sollten regelmäßig überdacht und bewusst geändert werden, um die Lebendigkeit der Beziehung zu erhalten.

Viele suchen den Partner, der zu ihnen passt oder den sie lieben können. Wenn sich dann ein Partner nicht so verhält, wie sie es von ihm erwarten, sind sie enttäuscht. Häufig versuchen sie dann <u>ihn</u> zu verändern oder hoffen, dass sie schon mit ihm zurechtkommen werden.

Selbst der richtige Partner für den anderen zu sein, ist wichtiger, als den richtigen Partner zu finden

Mache dir bewusst, dass du nur dich ändern kannst, nicht den Partner.

Wenn du dich fragst:

- Was kann ich tun, dass mein Partner mit mir zufrieden ist?
- Was muss ich ändern, damit unsere Beziehung besser wird? usw.

hast du eine große Chance; eine erfüllte Beziehung zu gestalten.

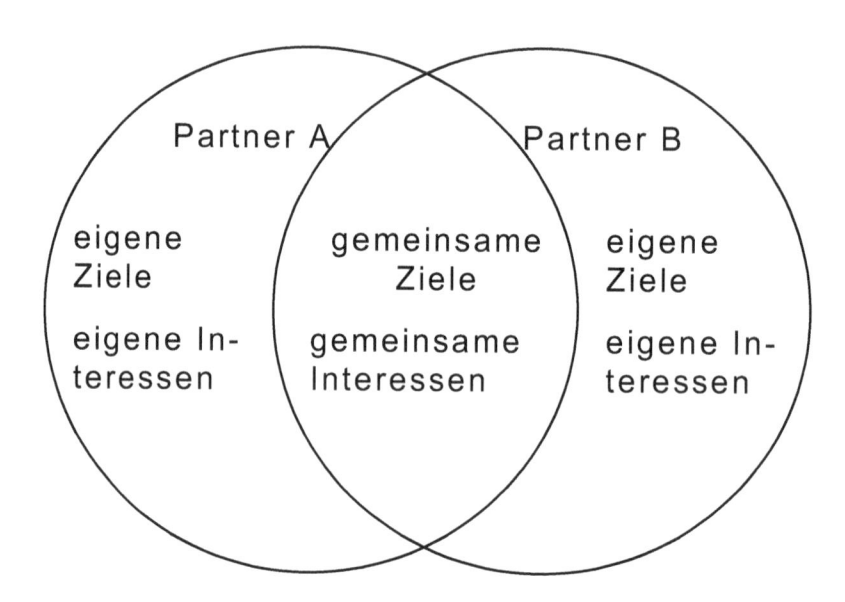

```
        Partner A        Partner B

  eigene        gemeinsame        eigene
  Ziele            Ziele           Ziele

  eigene In-    gemeinsame       eigene In-
  teressen      Interessen       teressen
```

Generiere Gemeinsamkeiten

Denkzettel: Beziehung gestalten

- Festhalten bedeutet Abhängigkeit - Loslassen bedeutet Freiheit
- Deine Beziehung musst du jeden Tag neu gestalten
- Jede Beziehung braucht Rituale
- Gute Beziehungen müssen lebendig sein und gepflegt werden
- Nur, wenn du dich selbst liebst, findet dein Partner dich liebenswert
- Pflege gemeinsam positive Erinnerungen
- Gemeinsamkeit ist der Klebstoff der Beziehung
- Vertrauen ist die Basis jeder Beziehung
- Eine Beziehung muss jeden Tag von beiden Seiten neu gebaut werden
- Gute Beziehungen müssen gepflegt werden
- Schuldzuweisung ist ein Mordversuch an der Beziehung
- Willst du deinen Partner haben oder willst du ihn genießen?
- Liebst du deinen Partner oder willst du von ihm von ihm geliebt werden?
- Verzeihen nimmt dem Partner die Möglichkeit, seine Schuld aufzuarbeiten

---

Normal sein ist langweilig

Entwickle deine Zuversicht

Zuversicht bringt dir ein besseres Leben

Zuversicht ist eine optimistische Haltung in Richtung Zukunft. Sie ist ein wesentlicher Bestandteil unserer Lebensqualität und lässt uns im Hier und Jetzt wohler fühlen. Wenn du ein realistisches und positives Zukunftsbild entwickelst, erhöht das die Wahrscheinlichkeit, dass das Erwartete auch tatsächlich eintritt.

Zuversicht bedeutet, dass du selbst überzeugt bist, einen Beitrag zur Bewältigung unsicherer Situationen leisten zu können und diesen nicht ausgeliefert zu sein. Zuversicht wirkt häufig wie eine selbsterfüllende Prophezeiung; d.h. allein der Glaube an sich, lässt Ängste und Befürchtungen gar nicht erst aufkommen und das Erwartete wird eintreffen.

Wenn du öfter bewusst Dinge tust, die du noch nie gemacht hast, wirst du feststellen, dass sich deine Zuversicht ständig weiterentwickelt

Zuversicht erhöht deine Lebensqualität

Denkzettel: Zuversicht

- **Entwickle Zuversicht,
  damit deine Lebensqualität zunimmt**
- **Nimm Herausforderungen an,
  damit du stärker wirst**
- **Wage Unbekanntes,
  damit du Erfolgserlebnisse bekommst**
- **Schenke anderen Zuversicht**
- **Zuversicht schafft Rückenwind**
- **Zuversicht verbessert dein Aussehen**
- **Zuversicht reduziert deine Ängste**
- **Zuversicht stabilisiert dein Selbstwertgefühl**
- **Zuversicht bringt dir ein besseres Leben**

---

*Es sind Deine Gedanken,
die dein Leben bunt machen*

*Nimm den Hut ab vor deiner Vergangenheit.
Krempele die Ärmel hoch für die Zukunft*

*Der Scherz, den du übelnimmst,
offenbart deinen Charakter*

Gestalte dein Arbeitsende positiv

Lebe nicht um zu arbeiten, sondern arbeite, um zu leben

Schließe jede Arbeit bewusst positiv ab, damit du mit guter Laune in deine Freizeit gehen kannst.

Deshalb ist es wichtig, dass du

- die Erfolge des Tages registrierst
- den wichtigsten Erfolg des Tages analysierst
- den Übertrag für den nächsten Tag machst („Arbeitsschotten")
- die Prioritäten für den nächsten Tag überlegst, damit dein Unterbewusstsein in der Nacht für dich weiterarbeiten kann

- Deine Arbeit darf deine Seele nicht einfangen
- Arbeite nur so viel, dass du noch Zeit zum Leben hast
- Anstrengen kostet Energie - mit Schwung arbeiten, bringt Energie
- Überlege, wieviel Zeit du der Arbeit zur Verfügung stellen willst, damit du den Rest der Zeit leben kannst
- Der Spaß an der Arbeit liegt zwischen Über- und Unterforderung
- Arbeite nicht mehr, sondern effektiver
- Prioritäten verbessern die Qualität deiner Arbeit

<u>Nur</u> arbeiten, macht dumm

---

*Es gibt nichts Schöneres,
als eine unangenehme Aufgabe erledigt zu haben*

Mache dir die Menschen sympathisch

Sympathische Menschen machen dein Leben schöner

Wir können uns die Menschen, mit denen wir zu tun haben, nicht immer aussuchen; denke nur an Familie, Vorgesetzte, Kollegen usw.

Menschen sind nicht sympathisch oder unsympathisch - wir machen sie erst durch unsere Wahrnehmung dazu.

Wenn du dich darauf konzentrierst, an jedem Menschen - vor allem an den unsympathischen – etwas Positives (z.B. seinen Gang, seine Kleidung, seinen Haarschnitt usw.) zu finden, wirst du zwei Erfahrungen machen:

- Du wirst immer mehr Menschen sympathisch finden und
- du wirst deine Wahrnehmung für das Schöne und Positive öffnen.

Suche an jedem Menschen etwas Positives

Du hast Dich ganz schön geändert, seit ich beschlossen habe, dich anders wahrzunehmen.

*Positive Erinnerungen
sind der Gesundbrunnen deiner Psyche*

Lerne, auch mit schlechten Karten gut zu spielen

Schaffe dir ein biophiles Umfeld

Reduziere den Kontakt zu nekrophilen Menschen

Menschen, die in einem biophilen, d.h. lebensbejahenden Umfeld leben, fühlen sich meist wohler und sind gesünder als diejenigen, die in einem nekrophilen Umfeld leben.

Überlege dir, wer in deinem Bekanntenkreis biophil ist, d.h.

- wer eine positive Lebenseinstellung hat
- wer überwiegend positive Dinge erzählt
- wer an Stelle von Problemen, Chancen sieht
- wer an Stelle von Schwierigkeiten, Herausforderungen sieht
- mit wem du dich wohlfühlst
- usw.

Suche aktiv Kontakt zu Menschen mit positiver Einstellung zum Leben und baue bewusst eine Beziehung mit ihnen auf!

Aus deinem biophilen Bekanntenkreis wählst du dir einige, mit denen du gleiche Augenhöhe hast, und machst sie zu deinen Freunden.

Zeige mir deine Freunde und ich sage dir, wer du bist

Mit Freunden ist Genießen schöner

Denkzettel: Biophiles Umfeld

- Freunde sind ein Geschenk, das du dir selbst machst
- Freunde gewinnst du, wenn du dich für Andere interessierst (nicht, wenn du dich interessant machst)
- Machen gute Freunde zu deinem Spiegel
- Nur biophile Freunde bringen dich weiter
- Die Qualität deiner Freunde bestimmt die Qualität deines Lebens
- Gute Freunde helfen dir bei der Selbsterkenntnis
- Genieße die Freuden, die Freundschaft gewährt
- Umgib Dich mit biophilen Freunden, um glücklich zu sein

Sage bewusst „nein"

„Nein-Sagen" stärkt dein Selbstwertgefühl

Wenn jemand mit einem Anliegen, einer Bitte oder einer Aufgabe auf dich zukommt, ist die Versuchung groß, diesem Menschen den Gefallen zu erweisen.

Es gibt viele gute Gründe dafür, solche Bitten anzunehmen; z.B.:

- du bekommst Anerkennung
- der andere ist dir dankbar
- du bist wichtig
- du kannst mitreden
- usw. - usw.

Lehne es ab, Dinge zu tun, die für dich

- unzumutbar sind
- unwichtig sind

Pflichten entstehen, wenn du nicht „nein" sagst

Wenn du "nein" sagst, erlebst du, dass

- die Akzeptanz deiner Person steigt
- die Qualität deiner Arbeit und Aufgaben zunimmt

Einem willigen Esel packt jeder etwas drauf

Denkzettel: „Nein" sagen

- Helfen lähmt - Hilfe zur Selbsthilfe macht aktiv
- Jedes bewusste „Nein" ist ein Schritt in die eigene Freiheit
- Wenn du „nein" sagst, ersparst du dir Frustration
- „Nein" sagen, anstatt mit Unwillen etwas erledigen
- Rechtfertigen dich nie, wenn du „Nein" sagst
- „Ja" sagen, wo möglich – „Nein" sagen, wenn nötig
- Erfolgreiche Menschen können „Nein" sagen
- Sage bewusst „Nein" – das schafft Freiräume für wichtige Aufgaben

Schau dir an, wo du stehst
Eine Revision bringt dir neuen Schwung

Es ist wichtig, regelmäßig deine eigene Grundbefindlichkeit zu überprüfen. Dazu holst du dir Feedbacks von Freunden, bedenkst, was Feinde über dich berichten, und überlegst selbst, was dir an dir auffällt.

Dann nimmst du dir eine Auszeit -am besten gemeinsam mit einem guten Freund oder einem Partner- und überlegst, wo du Handlungsbedarf siehst. Hilfreich kann auch ein entsprechendes Buch oder ein Coaching sein.

Richte dafür einmal im Jahr einen „Stillen Tag" ein

Themen für eine solche Revision könnten sein:
- Was habe ich für ein Menschenbild?
- Bin ich stark genug, um anderen zu vertrauen?
- Kann ich auf Schuldzuweisung verzichten? (S.27)
- Habe ich ein positives Bild von mir selbst?
- Habe ich eine positive Grundeinstellung? (S.29)
- Habe ich die richtigen Ziele?
- Nehme ich mir für die wichtigen Dinge Zeit? (S.84)
- Nehme ich mir genügend Zeit für mich?
- usw.

**Schau in den Spiegel,
damit du ein positives Bild von dir bekommst**

Nimm dir Zeit für dich

Vergeude deine Zeit nicht mit Unwichtigem

Wenn du deine Zeit mit etwas Unwichtigem vergeudest, bedeutet das „Flucht".

Wenn du dich darüber beklagst, dass du zu wenig Zeit hast, für:

- deine Kinder,
- deine Familie
- deine Freunde
- kulturelle Veranstaltungen
- deine Erholung
- für „leben" und genießen usw.

weil der Beruf, die Rahmenbedingen, das politische Mandat usw., es nicht zulassen, solltest du etwas ändern:

Überlege dir in Ruhe, was dir persönlich wirklich wichtig ist, und trage die Termine mit deinen Kindern, Freunden, für die „Stille Stunde", den Konzertabend usw. genauso in deinen Terminkalender ein, wie die Teambesprechung oder den Arzttermin.

Die Zeit wartet nicht auf dich. Mach es jetzt!

Denkzettel: Keine Zeit

- **Wenn du keine Zeit hast, was tust du dann die ganze Zeit?**
- **Nutze deine Zeit, dann hast du davon genügend**
- **Jeder Mensch hat gleich viel Zeit.
  Dein Erfolg hängt davon ab, wie du deine Zeit nutzt.**
- **Vergiss die Zeit, in der du könntest, nutze die Zeit in der du kannst**

Lebe riskant

Dein größtes Risiko ist es, kein Risiko einzugehen

- Risikofähigkeit ist für deine Lebensgestaltung entscheidend
- Risikofähigkeit ist eine wichtige Voraussetzung für Veränderungen
- Risikofähigkeit macht dein Leben interessant und aktiv
- Risikofähigkeit ist die Basis für deinen Erfolg

Der Weg zur Risikofähigkeit

Wenn du deine Risikofähigkeit verbessern willst, ist es wichtig, dass du bei allen Aktivitäten und Aufgaben bewusst handelst, deine Gewohnheiten und -wenn nötig- deine Denkgewohnheiten änderst.

Ändere deine Denkgewohnheiten

Bedenken, Schwierigkeiten, Sorgen, Ängste usw. entstehen bei 90% der Menschen in der rechten Hirnhälfte und werden dort auch weiterentwickelt. Da unsere Bedenken für uns selbst immer sinnvoll und nachvollziehbar sind, können wir selbst nicht feststellen, ob sie realistisch oder nur durch unsere eigenen Denkgewohnheiten entstanden sind. Da die rechte Hirnhälfte dominant ist, können wir uns schwer von unseren eigenen Bedenken trennen.

Logisches, lösungsorientiertes Denken geschieht in der linken Hirnhälfte. Wenn du, sobald du anfängst zu grübeln, sofort die linke Gehirnhälfte mit Planen, zukunftsorientierten Gedanken oder der Suche nach Lösungen usw. beschäftigst, wird dein Bedürfnis, negative Gedanken und Bedenken zu favorisieren, nachlassen. Nur Lösungsorientierte Leben ermöglicht dir Risiken eizugehen

Risiko ist die Bugwelle des Erfolgs

Denke lösungsorientiert

Ob jemand überwiegend in Bedenken oder in Lösungen denkt, ist eine Frage der Gewohnheit.

Deine Denkgewohnheiten kannst du ändern:

Bedenken und Grübeleien neigen dazu, die Oberhand über unser Denken zu gewinnen und machen uns damit handlungsunfähig. Darüber hinaus überschätzen wir häufig die negativen Konsequenzen unserer Vorhaben und beeinträchtigen dadurch unser Urteilsvermögen. Wenn wir dann auch noch Ängste entwickeln, sorgt die damit verbundene Adrenalinschüttung dafür, dass unser Denkvermögen weiter reduziert wird.

Sobald du merkst, dass bei einem Vorhaben Bedenken auftauchen, suchst du sofort nach einer Lösung, am besten noch nach einer zweiten oder dritten. Wenn du ab jetzt bewusst darauf achtest, in Lösungen zu denken, wirst du feststellen, dass du kreativer wirst, es dir insgesamt besser geht und deine Risikofähigkeit zunimmt.

**Das Abwägen verschiedener möglicher Lösungen
macht dich handlungsfähig
und verbessert deine Lebensqualität**

Entscheide realitätsorientiert

Wir können die Realität nicht wahrnehmen - wir können nur wahrnehmen, wie sie auf uns wirkt; d.h. unsere Wahrnehmung erzeugt unsere Wirklichkeit. Durch Information oder Austausch mit anderen ist es möglich, sich der Realität, d.h. der tatsächlich gegebenen Situation anzunähern.

Für jeden Dialog gilt: Es gibt:
seine Wirklichkeit, meine Wirklichkeit und **die Realität.**

Risikofähigkeit hat nichts mit Abenteuerlust zu tun.

Für deine Entscheidungsfähigkeit ist es wichtig, dass du bei einem Risiko die minimale und die maximale Gefahr realitätsdicht abschätzt.

Demgegenüber stehen die Chancen, die dein Vorhaben bietet. Die Entscheidung zwischen Wagnis und Chance ist immer eine subjektive Güterabwägung zwischen der subjektiv wahrgenommenen Gefahr und der subjektiv wahrgenommenen Chance, die dein Vorhaben bietet. (Rationale Gründe, die eine Entscheidung bestätigen, sind häufig nur eine Ausrede für die Entscheidung, die der „Bauch" getroffen hat.)

Verlasse die Komfortzone

Absolute Sicherheit gibt es nicht. Das Bedürfnis nach Sicherheit deckt sich mit dem Wunsch nach einer Komfortzone ohne Risiko. In der eigenen Komfortzone fühlst du dich gut aufgehoben, sicher und geborgen. Allerdings wirst du dort nie den richtigen Umgang mit Risiken erlernen, weil du dich schlichtweg nicht damit konfrontierst. Erst wenn du dich aus der Komfortzone herauswagst, wirst du feststellen, dass das befürchtete Ergebnis gar nicht so gravierend ist, wie du befürchtet hast.

Gehe bewusst Risiken ein

Risikofähigkeit kannst du auch dadurch lernen, dass du einfach einmal ein Risiko eingehst. Das mag zwar eine Schocktherapie sein, doch die positive Wirkung tritt dabei meist sehr schnell ein. Anstatt sich in allen Möglichkeiten zu verrennen, die möglichen „Pro's" und „Contra's" ewig lang gegeneinander abzuwägen, wage einfach mal den Sprung ins kalte Wasser, vertraue auf deine Intuition und handele spontan. Das macht übrigens richtig Spaß!

No risk no fun

Risikofähigkeit bedeutet, die subjektiven Grenzen einer Gefahr auszuloten und in diesem Rahmen die Chancen für die eigenverantwortliche Gestaltung des eigenen Lebens wahrzunehmen.

Risikofähigkeit ist die Bugwelle für deinen Erfolg

Denkzettel: Riskant leben

- Gehe Risiken ein,
  damit dein Leben reich und spannend wird
- Gehe Risiken ein, damit du groß werden kannst
- Reduziere dein Grübeln,
  damit du handlungsfähig wirst
- Verzichte auf Bedenken, damit du Lösungen findest
- Gehe Risiken ein, damit du dich ändern kannst
- Riskiere etwas, damit du mehr Spaß hast

Arbeite nur „gut genug"

Reduziere den Aufwand, um mehr Ergebnisse zu bringen

Perfektionismus, Vorsicht, Absichern usw. sind Ausprägungen von Versagungsangst.

Die letzten 5% an Perfektionismus kosten in der Regel mehr Aufwand, wie 30% der gesamten Arbeit.

Wenn du erfolgsorientiert denkst, arbeitest du nie so gut, wie es geht, sondern immer nur „gut genug".

Für deinen beruflichen und persönlichen Erfolg ist es wichtig zu erkennen:

**Mögliche Qualität ist Vergeudung,
notwendige Qualität ist effektiv**

Es zählt nur das Ergebnis, nie der Aufwand

Denkzettel: Gut Arbeiten

- Die Steigerung von gut ist gut genug
- Arbeite nicht mehr, sondern effektiver.
- Je weniger Zeit du hast, desto effektiver musst du sie nutzen
- Der langfristige Erfolg entsteht durch das Erledigen der wichtigen Aufgaben

----

Dein Leben ist eine Reihe von Chancen

Lebe so, dass dein Leben Zukunft hat

Hartnäckigkeit ist Verstandesschwäche

Vorurteile: Ich sah Gott, sie war schwarz

Enttäuschung ist die Befreiung von einer Täuschung

Nutze deine persönliche Sperrzeit
Sie steuert deine persönliche Entwicklung

Richte dir täglich eine Sperrzeit von 5-15 Minuten ein, in der du in Ruhe persönliche strategische Überlegungen anstellst.

Solche Überlegungen könnten sein:
- Wen sollte ich wieder mal anrufen?
- Welches Buch will ich lesen?
- Was muss ich meinen Kindern sagen?
- Wen will ich einmal besuchen?
- Welche Innovation muss ich mir genau ansehen?
- Welche Veranstaltung will ich besuchen?
- Bei wem muss ich meine Ergebnisse noch verkaufen?

usw.

Wenn du es allen recht machen willst, verlierst du dich

Ärgere dich nicht nie über Dinge, die du nicht ändern kannst

Wer niedrig ist, erniedrigt andere

Vernünftig sein, macht keinen Spaß

Verantworte deine Gewissheiten

Gewissheiten nehmen dir deine Freiheit

Gewissheiten sind subjektive Überzeugungen, die wir selbst für wahr halten.

Gewissheiten oder mentale Modelle geben uns Sicherheit bei unseren Bewertungen und Entscheidungen. Da wir ein Bedürfnis nach Sicherheit bei Entscheidungen haben, sind wir in der Regel nicht bereit, unsere Gewissheiten in Frage zu stellen.

Für einen sozial reifen Menschen ist es wichtig, seine Gewissheiten auf mögliche negative Konsequenzen zu überprüfen.

Negative Gewissheiten reduzieren deine Handlungsfähigkeit:

- Man muss misstrauisch sein
- Im Frühjahr bekomme ich eine Grippe
- Das ist schwierig
- Ungarisch ist eine schwierige Sprache
- Bei Föhn bekomme ich Kopfschmerzen
- Mitarbeiter müssen kontrolliert werden
- usw.

Positive Gewissheiten fördern deine Handlungsfähigkeit:

- Ich vertraue Menschen
- Ich bin gesund
- Das schaffe ich
- Ich kann Ungarisch lernen
- Bei Föhn geht es mir gut
- Mitarbeiter können eigenverantwortlich arbeiten

Für dich ist wichtig, positive, realitätsorientierte Gewissheiten zu entwickeln, da diese die Basis für ein erfolgreiches, erfülltes Leben und für Stressfreiheit sind.

Positive Gewissheiten kannst du selbst entwickeln:

Mache dir deine negativen Gewissheiten bewusst, entweder indem du selbst reflektierst oder mit guten Freunden darüber sprichst. Anschließend ersetzt du sie durch entsprechende positive Gewissheiten. Du kannst auch neue positive Gewissheiten übernehmen oder selbst entwickeln.

Damit du diese internalisierst, kannst du sie visualisieren, ritualisieren oder sie als Affirmationen anwenden.

Deine Gewissheiten beeinflussen dein ganzes Leben

Wähle deine Vorbilder bewusst aus

Mache dich nicht zur „Kopie" - gestalte dein „Original"

Wenn wir eine Mutter, einen Trainer, Vater oder sonst jemand kennen, der erfolgreich ist, den wir respektieren und achten, neigen wir dazu, ihn als Vorbild zu betrachten und seine Verhaltensweisen bewusst oder unbewusst übernehmen. Wenn du etwas tust, weil es von einem Vorbild vorgelebt wird, wirst du zum Anpasser und bist nicht bereit, das, was du tust, zu verantworten, und du hast keine Chance eine eigene Persönlichkeit zu entwickeln.

Übernehme von Menschen, die du schätzt, einzelne Eigenschaften, die dir für deine Entwicklung sinnvoll erscheinen. Dann gestaltest du dein Original.

Ein Vorbild tötet dein Selbst

Gestalte bewusst deine Lebensfreude

Lebensfreude hält dich gesund

Es ist wichtig, sich der der Verantwortung für die eigene Lebensfreude bewusst zu werden und sie zu übernehmen. In Bezug auf die Lebensfreude lassen sich vier verschiedene Typen von Menschen unterscheiden:

Der Depressive

Er hat keinen Job, den er gerne macht, und keine Aufgaben, die ihm Spaß und Sinn machen. Er hat keine spannenden Hobbies noch eigene sinnvolle Ziele. Er funktioniert.

Der Hedonist

Er lebt in den Tag, tut situativ die Dinge, die ihm Spaß machen. Er gibt vor, zu genießen. (Genießen kann man nur Dinge, die man nicht braucht.) Nachhaltige Lebensfreude kann er nicht erleben, weil er seinen Aktivitäten keine Bedeutung gibt.

Der Stratege

Er quält sich durch seine Ausbildung, nimmt lange Frustzeiten auf dem Weg zu seiner Karriere in Kauf, um damit später erfolgreich und/oder reich zu werden. Er ist häufig Systemagent und ist stressgefährdet.

Der Lebensfrohe

Wenn du in der Lernphase und in den Fortbildungsphasen deines Lebens überwiegend Dinge lernst, die du gerne machst und bei denen du sicher bist, dass sie dir später im Berufsleben auch noch Spaß machen, schaffst du hervorragende Voraussetzungen. Du wirst sowohl in deinen Lernphasen als auch in der beruflichen Phase erfolgreich und lebensfroh sein und eine stabile Gesundheit erleben.

Je größer die Schnittmenge zwischen Fähigkeiten, Stärken und deinen Aufgaben ist, desto mehr Lebensfreude wirst du erleben. Wenn du dazu noch langfristige Ziele entwickelst, hast du die Chance zur Selbstverwirklichung.

Das Leben ist so schön

Denkzettel: Lebensfreude

- Suche stets etwas, auf das du dich freuen kannst

- Die Angst ist ein schlechter - die Lebensfreude ein guter Ratgeber

- Lebensfreude macht dich zum Gewinner

- Freude macht deine Psyche gesund

- Genieße die aktuellen unerwarteten Freuden

- Freude verlängert dein Leben

Arbeite erfolgreich

Erledige wichtige Aufgaben und du bist erfolgreich

Fabel: Die Mitarbeiter beschwerten sich beim Vorstand, dass sie überlastet seien, dass 24 Stunden nicht ausreichten, um alle Aufgaben zu erledigen.

Da nahm der Vorstand eine Blumenvase und stellte eine Flasche Bier daneben. Dann schüttete er so viele Golfbälle in die Vase hinein, bis keine mehr hineingingen.
Dann fragte er die Mitarbeiter: „Ist die Vase jetzt voll?"

Die Mitarbeiter antworteten: „Ja, natürlich!"

Dann nahm er eine Schüssel mit Erbsen und schüttete sie ebenfalls in die Vase. Er schüttelte die Vase so lange, bis alle Erbsen zwischen die Golfbälle gefallen waren und nichts mehr hineinging.
Dann fragte er die Mitarbeiter: „Ist die Vase jetzt voll?"

Die Mitarbeiter antworteten: „Ja, natürlich!"

Dann nahm er eine Schüssel mit Sand und schüttete den Sand zwischen die Erbsen, bis nichts mehr hineinging.
Dann fragte er die Mitarbeiter: „Ist die Vase jetzt voll?"

Die Mitarbeiter antworteten: „Ja, natürlich".

Dann sagte der Vorstand:

Die Vase symbolisiert Ihre Arbeitszeit. Die Golfbälle symbolisieren Ihre wichtigen Aufgaben, Ihre A-Aufgaben, aber auch Ihre Familie, Freunde, Gesundheit usw. Die Erbsen symbolisieren die B-Aufgaben und der Sand die C-Aufgaben.

Wenn Sie den Sand zuerst in den Topf schütten, ist kein Platz mehr für die Erbsen und die Golfbälle.

Das gilt für Ihre Arbeit genauso. Wenn Sie mit den unwichtigen Aufgaben beginnen, haben Sie am Ende keine Zeit mehr für die wichtigen.

Das gilt auch für das ganze Leben: Wichtig ist, dass Sie z.B. mit Ihrer Frau ins Theater gehen, dass Sie Freunde besuchen usw... Wenn Sie deshalb die Garage etwas später aufräumen, hält sich der Schaden in Grenzen.

Überlegen Sie sich gut, was Ihre Golfbälle sind: die strategischen Aufgaben, die die Zukunft Ihres Verantwortungsbereichs und Ihre eigene Zukunft sichern. Wichtig ist auch, , aber auch mit Freunden zum Essen zu gehen und den Kindergeburtstag zuhause zu feiern usw.

Erledigen Sie immer zuerst die wichtigen Aufgaben.

Die Mitarbeiter sagten, das haben wir verstanden – aber was soll das Bier?

Da lächelte der Vorstand, nahm das Bier und schüttete es vorsichtig in die Vase. Und siehe da, es ging auch noch hinein.

Der Vorstand sagte dazu:

„Egal, wie viel Arbeit Sie haben, für ein gemeinsames Bier ist immer noch Zeit!"

Wenn du selbst denkst,
kannst du auch selbst handeln

Da du nicht weißt, was morgen ist,
darfst du heute nicht aufgeben

Denkzettel: Erfolgreich Arbeiten

- Ziele orientieren die Wahrnehmung, Prioritäten orientieren die Kräfte
- Mehr arbeiten bringt nicht wesentlich mehr Leistung; effektiver arbeiten macht dich erfolgreich
- Der langfristige Erfolg entsteht durch das Erledigen der wichtigen Aufgaben
- Prioritätenplanung steigert die Qualität der Arbeit
- Prioritäten bestimmen den Erfolg
- Erledige das Wichtige zuerst
- Lasse das Unwichtige weg, dann hast du Zeit für das Wichtige

---

Lasse die Dinge, wie sie sind, und ändere dich

Was du gerne machst, machst du auch gut

Solange du keiner Freude aus dem Wege gehst, bleibst du jung

Erhalte Dir die Freude auf die Zukunft

Bedanke dich bewusst

Mit jedem Dank gibst du die Gleichwertigkeit auf

Viele Menschen bedanken sich beim „Universum" oder bei „Gott" für den schönen Tag, das Essen oder einen Freund.

Wenn du für etwas, was dir geschehen ist oder, was du erreicht hast, dankbar bist, signalisierst du dir selbst, dass du es nicht selbst geschafft hast, sondern es ein höheres Wesen wie „Universum" oder „Gott" es für dich gemacht hat. Mit anderen Worten: du legst die Verantwortung für Komponenten deines Lebens und deine eigene Entwicklung in die Hände einer höheren Macht.

Sich bedanken ist grundsätzlich eine Unterwerfung. Menschen, die sich gleichwertig fühlen, z.B. auf einem Segelschiff, auf dem Berg, auf dem Bau, bedanken sich nicht dauernd gegenseitig.

Wenn du dagegen, deine Erfolge, deinen Mut oder dein Glück bewusst als Eigenleistung registrierst, es vielleicht sogar feierst, wirst du feststellen, dass sich neben der sinnvollen Selbstliebe dein Selbstwertgefühl ständig weiterentwickelt.

Wenn du dann noch überlegst, was du zu deinem Erfolg, selbst beigetragen hast, - z.B. durch regelmäßige Erfolgsanalysen - übernimmst du selbst die Verantwortung für deine eigene Entwicklung. Damit nehmen deine Eigenverantwortlichkeit und deine Autonomie ständig zu.

Bewusst bedanken solltest du dich, wenn du jemand um einen Gefallen gebeten hast oder aus strategischen Gründen, weil der andere (z.B. die alte Oma) es erwartet.

Schüttele jede Last ab, vor allem Dankbarkeit!

Entwickle dein „Ideal-Ich"

Du musst entscheiden, ob du Systemagent sein, oder deine Selbstverwirklichung erreichen willst

Viele Menschen haben im Laufe Ihrer Sozialisation eine Idealvorstellung von sich entwickelt, das meint ein Ideal-Ich, die sie als erstrebenswert betrachten und die für sie häufig ein Synonym für Selbstverwirklichung darstellt.

Beispiele für solche Ideal-Ich-Konstrukte sind: Guter Vater, gute Mutter, guter Ingenieur, guter Tennisspieler, guter Wissenschaftler, guter Christ, guter Tierschützer usw. usw.

Wenigen ist bewusst, dass dieses Ideal-Ich meist unbewusst durch den Einfluss unseres sozialen Umfeldes, durch Ideologien, ethisch-moralische Systeme usw. entstanden ist, und unter Umständen gar nicht mit ihren eigenen Zielen, ihren Motiven, ihren Stärken und Fähigkeiten korrespondiert. Die Umsetzung eines extrinsischen Ideal-Ichs, ist in der Regel aufwendig und macht uns zu Systemagenten.

Überprüfe dein Ideal-Ich in einer Selbstreflexion auf Realitätsdichte. Vor allem solltest du dich fragen, ob deine eigenverantwortlich angenommen Werte, Ziele und dein „Eigen-Sinn» dem Ideal-Ich entsprechen. Wenn du dann noch klärst, ob dein Ideal-Ich von deinen Eigenschaften und Fähigkeiten und Interessen unterstützt wird, hast du hervorragende Voraussetzungen, um deine Selbstverwirklichung zu gestalten. Das geht am besten in der Diskussion mit konstruktiv kritischen Sparringspartnern, mit denen du gleiche Augenhöhe hast

Selbstverwirklichung garantiert ein erfülltes Leben

Entwickle deinen „Eigen-Sinn"

„Eigensinn" ist Schwäche - „Eigen-Sinn" ist Stärke

Menschen, die ihr Leben oder ihre Tätigkeit als sinnvoll erleben, sind psychisch und physisch gesünder und können schwierige Lebenssituationen besser bewältigen.

Menschen bewältigen eine Krise (Tod eines Angehörigen, chronische Krankheit, Lähmung usw.) in der Regel ohne psychische Schäden, wenn sie ein sinnorientiertes Leben führen oder nach einer Krise einen (neuen) Lebenssinn finden

Schaffe deinen Eigen-Sinn

Eigen-Sinn meint die Bedeutung oder Bewertung, die <u>du</u> einem Ereignis, Erlebnis oder einer Tätigkeit <u>selbst</u> gibst. Für dein Wohlbefinden ist es wichtig, dass diese Bedeutung bzw. Bewertung positiv, förderlich und für dich akzeptabel ist.

Kurzfristiger Eigen-Sinn

Du kannst praktisch allen kleineren Aufgaben einen Eigen-Sinn geben: Treffen mit Freunden, aktuellen Aufgaben, Nahrungsaufnahmen, sportlichen Aktivitäten usw. Wenn du eine Sinnerfahrung an die nächste knüpfst, kannst du psychischen Belastungen, wie Einsamkeit, Langeweile, innere Leere usw., vermeiden.

Beispiel:
Eigensinn bei Treffen mit Freunden: Zuhören trainieren, Körpersprache beobachten, Kongruenz von Sprache und Körpersprache analysieren usw.

Mittelfristiger Eigen-Sinn:

Alle mittel- und längerfristigen Aufgaben, wie Aufbau einer beruflichen Existenz, Abschließen einer Ausbildung, Gründung einer Familie, usw., solltest du für deinen Eigen-Sinn nutzen.

Beispiel

Sinn der Erziehung Deiner Kinder könnte sein:
- Verantwortungsbewusstsein, Positive Grundeinstellung
- Neugier, Selbstbewusstsein, Entscheidungsfähigkeit
- Kritikfähigkeit, Konfliktfähigkeit, Offenheit, usw.

Wenn diese Aufgaben Eigen-Sinn als Basis haben, stellen du eine gute Grundlage für deine physische und psychische Stabilität in dieser Zeit dar.

Sinn des Lebens

Wenn du es schaffst, deinem Leben eine umfassende Lebensaufgabe, einen Gesamtsinn, eine ganzheitliche Weltsicht zuzuordnen, dann hast du die Chance, ein erfülltes, glückliches, gesundes Leben mit hoher Lebensqualität zu führen.

Beispiele für Sinn des Lebens:

Religiöser Glaube, Arme, Alte, Behinderte unterstützen usw..
Je mehr sinnvolle Aktivitäten du erledigst, desto mehr hast du das Gefühl, dein eigenes Leben zu leben, d.h. du erlebst mehr Gesundheit, Lebensfreude, emotionale Stabilität und Krisenstabilität, usw.

Deine Lebensqualität wächst mit dem Eigen-Sinn, den du deinen Aktivitäten gibst

―――――――――――――――――――――――――

Wenn du kämpfst, kannst du verlieren,
wenn du nicht kämpfst, hast du schon verloren

Gib allem, was du tust, deinen „Eigen-Sinn"

Denkzettel: Eigen-Sinn

- Der Sinn deines Lebens ist es, glücklich zu sein
- Eigen-Sinn macht dich lebendig
- Leichtsinn macht arm, Eigen-Sinn macht reich
- Dein Leben hat nur den Sinn, den du ihm gibst
- Wenn du deinem Leben keinen Eigen-Sinn gibst, funktionierst du nur
- Wenn du etwas Sinnvolles tust, erlebst du echte Freude
- Alles, was für dich Sinn macht, wird wichtig
- Wer ein <u>Warum</u> im Leben hat, bewältigt jedes <u>Wie</u>

Viktor Frankl

Achte auf deine Energiebilanz

Fängt dein Motor schon an zu stottern?

Geistesarbeiter, Ehrgeizige und Selbstständige neigen dazu, Ihre Leistungsgrenzen zu überschreiten und dadurch eine negative Energiebilanz aufzubauen.

Bodenständige Menschen vergessen das Genießen nicht und tanken dadurch immer wieder auf.

In unserem Alltag gibt es in allen Lebensbereichen Aktivitäten, aus denen wir Energie schöpfen, d.h. „Energiequellen". Andererseits gibt es auch Aktivitäten, die uns Nerven, Kraft und Energie kosten, d.h. „Energiesenken".

Gerade, wenn schwierige Aufgaben auf dich zukommen, solltest du nicht losfahren, ohne vorher aufzutanken.

Bei **Energiesenken** gilt es, Maßnahmen zu überlegen, die deine Wahrnehmung oder deine Einstellung ändern, oder deine Frustrationstoleranz erhöhen.

Bei **Energiequellen** ist es wichtig, dass du sie bewusst wahrnimmst, Erfolgsanalysen machst, sie genießt, an ihnen Spaß hast und anderen darüber berichtest.

Um dein Energiebilanz positiv zu ändern, ist es für dich wichtig, dass du deine Energieverteilung analysierst.

Das bedeutet für dich eine lebenslange Aufgabe:

- Bei welchen Aufgaben solltest du dich ändern?
- Welche Aufgaben solltest du reduzieren?
- Welche Aktivitäten solltest du ausbauen?

Suche ständig neue Energiequellen

Denke dich gesund

Wenn es eingebildete Kranke gibt, muss es auch eingebildete Gesunde geben

Unser Gehirn (konkret, die Amygdala in unserem Stammhirn) unterscheidet nicht, ob du etwas tatsächlich erlebst oder ob du es nur phantasierst. Wenn du z.B. oft an Krankheiten denkst, über sie sprichst usw., programmierst du deinen Körper und deine Psyche auf „krank werden".

Mit negativen Vorsätzen erreichst du genau das Gegenteil von dem, was du erreichen willst. Wenn du dir z.B. vornimmst „Ich will nicht mehr rauchen", wirst du feststellen, dass dein Bedürfnis zu rauchen zunimmt.

Die neurophysiologische Erklärung zeigt: Das „Nicht" landet in der linken (linear-logischen) Hirnhälfte des Gehirns und die „Zigarette" in der rechten (assoziativen), stärkeren Hirnhälfte. Die beiden Hemisphären kommunizieren in der Regel nicht miteinander. Dadurch entsteht der Vorsatz „Ich will rauchen". (Sage bitte nie mehr zu deinem Kind „Lauf nicht auf die Straße!", oder zu deinem Mitarbeiter „Machen sie nicht wieder diesen Fehler!")

So kannst du dich gesund denken

Mache eine Liste mit allen Aktivitäten, die deiner Gesundheit dienen, und mache dir von diesen Aktivitäten mentale Filme.

Stelle dir z.B. vor,
- wie du deinen 100. Geburtstag mit deinen Freunden feierst
- wie du mit deinen Urenkeln spielst und läufst
- wie du mit Freunden eine wunderschöne Fahrradtour machst usw.

Wichtig ist, dass alle mentalen Filme positiv sind und vor allem positiv enden.

Wenn negative Gedanken (Ängste, Sorgen, Gedanken an Krankheiten) aufkommen sollten, schaltest du sofort auf einen deiner positiven mentalen Filme um und dein Hormonhaushalt bleibt im gesunden Bereich.

Wenn du Gewissheiten hast, die deiner Gesundheit schaden, wie z.B.: „Bei Föhn bekomme ich Kopfschmerzen" oder „Jeden Winter bekomme ich eine Grippe", formuliere diese negativen Gewissheiten in positive um, wie z.B.: „Bei Föhn geht es mir gut" oder „Im Winter bleibe ich gesund" und wiederhole diese positiven Gewissheiten so lange, bis sie wirken. Du kannst auch eine „Positiv-Imagination" machen.

(S.46)

Treffe dich mit Menschen, die eine positive Grundeinstellung haben und diskutiere mit ihnen über das Schöne und Positive im Leben

Auch, wenn du dir deine Gesundheit nur einbildest, geht es dir gut und du fühlst dich wohl

---

Alles, was du beachtest, wird verstärkt

*Alles, was du bist, willst und musst,
geht von dir aus*

Funktionierst du noch oder lebst du schon?

Lerne aus der Zukunft

Neue Aufgaben machen dich fit

Routine fördert den Bore-Out

Viele Menschen haben eine Arbeit oder einen Job, der sie nicht fordert, langweilig oder monoton ist, überwiegend aus Routine besteht und keine Erfolgserlebnisse oder Anerkennung bringt. Solche Jobs bilden die Basis für psychische und körperliche Krankheiten und fehlendes Wohlbefinden.

Der Burn-Out wird gerade vom Bore-Out als Krankheitsursache überholt. Bore-Out hat in vielen Fällen Routine und Monotonie als Ursache. Diese sind im wesentlichen die Komponenten Unterforderung, mentale Monotonie und Desinteresse, mit den Auswirkungen: Lustlosigkeit, Gereiztheit, Frustration usw. - Der Burn-Out ist ein offenes Tor für alle Somatisierungen, d.h. Krankheiten, die psychische Ursachen haben.

Nach etwa 5 Jahren im selben Job ist deine Routine so gefestigt, dass du Chancen für Verbesserungen und Veränderungen eher reaktiv wie aktiv erkennst und wahrnimmst. Spätestens dann solltest du dir ein neues Aufgabengebiet suchen.

Neue sinnvolle Aufgaben halten dich geistig und mental fit. Sie geben den Hauptursachen für Krankheiten -nämlich Ängste, Sorgen, negative Gefühle, Ärger, Probleme und Schwierigkeiten sehen usw.- keine Chance.

Neue Aufgaben haben für dich folgende Vorteile:
- Du bekommst neue Freunde und Bekannte
- Du erweiterst dein Know-how
- Du erlebst deine Arbeit abwechslungsreicher
- Deine Chancen am Arbeitsmarkt steigen usw.

Neue Aufgaben halten dich psychisch und mental fit

Entwickle dein Selbstvertrauen

Mit Selbstvertrauen lebst du komfortabler

Unterscheide Selbstwertgefühl und Selbstvertrauen:
Selbstwertgefühl ist die realitätsdichte Kenntnis der eigenen Stärken, Fertigkeiten und Fähigkeiten. Ein Mensch mit Selbstwertgefühl kann genau abschätzen, welche Aufgaben er allein bewältigen kann und wo er Unterstützung braucht.

Selbstvertrauen dagegen ist der subjektive Glaube an die eigenen Fähigkeiten. Selbstvertrauen ist wichtig für den Umgang mit anderen Menschen, mit Freunden, mit Fremden, in der Gesellschaft usw.

Viele Menschen scheitern nicht an mangelnden Fähigkeiten und Fertigkeiten, sondern an mangelndem Selbstvertrauen.

Die Basis für unser Selbstvertrauen wird durch unsere Sozialisation in der Kindheit und frühen Jugend geprägt. Wenn die Eltern, Großeltern, größere Geschwister „Mutig sein" zulassen, Mithelfen lassen, Hilfe zur Selbsthilfe anbiete, usw., legen sie die Basis für das Selbstvertrauen der Kinder.

Wenn der junge Mensch z.B. in der Schule, im Sportverein oder bei den Pfadfindern erlebt, dass er allein und im Team Aufgaben lösen kann, wenn Erfolge gefeiert werden usw., wird sein Selbstvertrauen weiterentwickelt und gestärkt.

Alle sozialen Systeme, Staaten, Familien, Kirchen, Gewerkschaften usw. haben mehr Macht über ihre Mitglieder, wenn sie dafür sorgen, dass die Mitglieder nicht allzu autonom und eigenverantwortlich werden oder zu viel Selbstvertrauen entwickeln. Dafür werden Regeln und Wertsysteme eingeführt, die geeignet sind, die Mitglieder zu disziplinieren und dem jeweiligen System unterzuordnen.

Diese Regeln, wie z.B. die 10 Gebote, Werte unseres Grundgesetzes, die bürgerlichen Tugenden usw., werden von vielen Menschen internalisiert und wirken bei Erwachsenen als unbewusste, interne Kritiker („Schlechtes

Gewissen"), die sie ermahnen und häufig Schuldgefühle produzieren und die das Selbstvertrauen reduzieren.

Es gibt Möglichkeiten, dein Selbstvertrauen zu stärken:

Internalisiere Affirmationen

Mache eine Liste mit allen negativen Eigenschaften, die du selbst an dir feststellst oder die andere dir vorwerfen.

Die Liste könnte z.B. so aussehen;
- Ich bin nicht attraktiv
- Ich habe oft ein schlechtes Gewissen
- Ich habe keine Freunde
- Ich bin ein Looser
- Ich bin langweilig
- usw., usw.

Dann nimmst du diese Liste und formulierst sie positiv:
- Ich bin attraktiv
- Ich stehe zu dem, was ich sage und tue
- Meine Kollegen mögen mich
- Ich schaffe alles, was ich anpacke
- Ich mag mich so, wie ich bin
- Du kannst auch neue Affirmationen entwickeln

Diese Liste mit deinen eigenen Affirmationen klebst du dann an einen Ort, den du oft ansiehst (Schminkspiegel, Türe, Bildschirmschoner usw.) und liest deine Affirmationen so oft wie möglich. Nach einiger Zeit hast du diese dann internalisiert und sie werden damit zu einem Bestandteil Deiner Persönlichkeit.

Nimm Lob an

Wenn jemand dich lobt, Anerkennung ausspricht etwas Positives zu dir sagt, dir ein positives Feedback gibt, wehre es nicht ab, sondern reagieren positiv („Danke", „schön, dass du das sagst", „das tut gut" usw.) und schreibe es in dein Erfolgstagebuch.

Führe ein Selbstvertrauen-Tagebuch

Hol dir so oft es geht, Feedback. Frage deine Eltern. Kinder, Chefs, Kollegen, Freunde usw., was sie an dir schätzen und mögen. Halte es in deinem Erfolgstagebuch fest

Was hat Selbstvertrauen für dich für Vorteile?

Wenn du dich dazu entschlossen hast, die Verantwortung für dein Selbstvertrauen bewusst zu gestalten, wirst du erleben, dass du von anderen geliebt, akzeptiert, anerkannt und geschätzt wirst. Dein eigenes Lebensgefühl wird sich in Richtung Lebensfreude, Begeisterung, Harmonie, Genießen, Zuversicht, Spontanität usw. entwickeln.

Denkzettel: Selbstvertrauen

- **Verzichte auf ein Vorbild,
damit du deine Persönlichkeit selbst gestalten kannst**
- **Nur wenn du Selbstvertrauen hast, kannst du bescheiden sein**
- **Gelassenheit setzt Selbstvertrauen voraus**
- **Mit Selbstvertrauen werden deine Probleme zu Chancen**
- **Mit Selbstvertrauen ist es unwichtig,
was andere von dir halten**
- **Zuversicht braucht Selbstvertrauen**

Nutze die Wirkung deiner Sprache

Wie du sprichst, wirkt auf dich und auf Andere

Wir gehen in der Regel davon aus, dass Sprechen ein bewusster Prozess ist. Das ist sicher für die Inhalte, für das, **was wir sagen**, d.h. für die Inhalte, für die Information usw.

Wie wir es sagen, d.h. die Wahl der Worte, die Weichmacher, die Verben des Vermeidens, die Dissenssignale, die wir einbauen, das bestimmt unser Unterbewusstsein. (Siehe Aufsatz „Aktive Sprache"). Unser Unterbewusstsein beeinflusst sehr intensiv unsere Sprache und damit unsere Wirkung auf andere.

Beispiele:
Du kannst sagen: „Wir sollten das Projekt eigentlich jetzt starten" oder „Wir starten das Projekt sofort". Merkst du den Unterschied in der Wirkung auf dich selbst und auf andere?

Wenn du die Worte, die du verwendest, bewusst und verantwortet auswählst, kannst du mit deiner Sprache dein eigenes Unterbewusstsein beeinflussen. Vor allem bei Themen, wie Gefühle, Energie und Ausstrahlung, hat deine Sprache eine starke Wirkung auf dein eigenes Unterbewusstes.

So kannst du deine eigene Energie und deine Wirkung verstärken:

Du kannst sagen:	Du könntest auch sagen:
„das ist schwierig"	„das ist eine Herausforderung"
„das ist problematisch"	„das ist eine Chance"
„das kann ich nicht"	„das werde ich lernen"
„das kenne ich nicht	„das will ich ausprobieren"
„das ist anstrengend"	„Ich mache eine Pause"
„Ich bin am Ende"	„Ich lade meine Akkus neu auf"

Spürst du, wie die Ausdrücke in der linken Spalte dich lähmen oder passiv machen und wie die der rechten dich zum Handeln auffordern und du aktiv wirst?

Unschwer ist auch zu erkennen, welche unterschiedliche Wirkung die Formulierungen auf andere haben, d.h. hier wird deine Ausstrahlung in Richtung energiegeladen beeinflusst.

Du kannst deine negativen Gefühle reduzieren

Du kannst sagen:	Du könntest auch sagen:
Ich bin deprimiert	Ich will Energie tanken
Ich bin sauer	Ich brauche Abstand
Ich bin enttäuscht	Das habe ich anders erwartet
Ich bin verärgert	Ich muss mich beruhigen

Spürst du, wie durch diese Formulierungen deine negativen Gefühle geringer und beeinflussbar werden?

Du kannst auch erkennen, dass du auf andere eigenverantwortlicher wirkst.

Du kannst Deine positiven Gefühle verstärken:

Du kannst sagen:	Du könntest auch sagen:
Ich finde das gut	Ich finde das hervorragend
Ich finde das interessant	Ich finde das spannend
Ich finde das schön	Ich finde das traumhaft
Ich finde das ordentlich	Ich finde das perfekt

Du spürst sicher, wie deine eigenen positiven Gefühle durch deine Wortwahl verstärkt werden und du von anderen emotionaler wahrgenommen wirst.

Eine bewusst gestaltete Sprache, macht dich stark

Verstärke mit der Sprache deine Wirkung

Deine Gewohnheiten machen dich alt

Abstand schärft den Blick fürs Wesentliche

Wenn du dich rechtfertigst, machst du dich klein

Neugierde hält dich fit

Richte eine deine „Stille Stunde" ein

Nutze eine Sperrzeit für deine eigene Entwicklung

Die Stille Stunde ist eine persönliche Sperrzeit, in der du dir die Möglichkeit gibt, störungsfrei, mittel- und langfristig strategische Gedanken zu machen:

Täglich 5-10 Minuten dienen z.B. dazu zu überlegen:

- Wen rufe ich an (Netzwerk)?
- Wem sage ich etwas Positives?
- Wen frage ich nach etwas, was ihm wichtig ist?
- Welchen Punkt des Umsetzungsplans kann ich heute / morgen umsetzen?

Wöchentlich 30-60 Minuten dienen z.B. dazu:

- sich um die Entwicklung der Kinder Gedanken zu machen
- sich um die Förderung der Mitarbeiter Gedanken zu machen
- einen wichtigen Aufsatz zu lesen
- ein Thema aus dem Coaching zu vertiefen

Jährlich 1- 3 Tage dienen z.B. dazu:

- das persönliche Gleichgewicht zu reflektieren
- über Innovationen nachzudenken
- über die strategische Ausrichtung nachzudenken
- deine Ziele zu reflektieren

Deine regelmäßig durchgeführte „Stille Stunde" wird sowohl deine Selbstwirksamkeit als auch deine persönliche Entwicklung deutlich voranbringen.

Mache deine „Stille Stunde" zum Ritual

Faul sein bietet Chancen

Schaffe mit wenig Aufwand viele Ergebnisse

Fleissige Menschen:
- beschäftigen sich mit zu viel Unwichtigem
- bemühen sich um möglichst gute Qualität
- liefern perfekte Arbeitsergebnisse
- benötigen viel Aufwand für ihre Arbeitsergebnisse
- usw.

Das bedeutet viel Stress und wenig Erfolg

Intelligente Menschen;
- Erledigen primär die wichtigen Aufgaben
- erledigen ihre Aufgaben gut genug
- liefern nur die notwendige Qualität
- liefern mit wenig Aufwand wichtige Ergebnisse
- usw.

Das bedeutet, weniger Stress und mehr Erfolg

Faule Menschen, die intelligent arbeiten, sind erfolgreich

Denkzettel: Intelligente Faule

- Nutze deine Zeit, dann hast du genug davon
- Gehe in deiner Arbeit auf, nicht unter
- Arbeite bewusster, um erfolgreicher zu werden.
- Die Arbeit darf deine Seele nicht einfangen
- Die Entwicklung deiner Persönlichkeit hat immer Vorrang vor deinen Arbeitsaufgaben
- Die Arbeit, die du liegen lässt, ist nie wichtig
- Die Steigerung von gut ist „gut genug"
- Bestimme für jede Arbeit die Zeit, die du für sie aufwenden willst

Du wirst das, was du denkst

Wenn du positiv denkst, wirst du erfolgreich

Mache dir nie Gedanken über das, was du nicht willst.

Konzentriere deine Gedanken, auf das, was du willst.

Wenn du weißt, was du willst, hast du positive Gedanken.

Positive Gedanken

- Generieren bei dir: → **positive Gefühle**
- Diese führen zu: → **erfolgreichem Verhalten**
- Mache das zu: → **erfolgreichen Gewohnheiten**
- und du wirst ein → **erfolgreiches Leben** führen

Jeder Gedanke, der dich beherrscht, wird für dich zur Wahrheit und strebt danach, Wirklichkeit zu werden.

Emile Coue

Denkzettel: Positiv Denken

- **Wenn du positiv denkst, wirst du Positives erleben**
- **Was du von dir denkst, prägt dein Schicksal**
- **Du fühlst dich so, wie du denkst, dass du dich fühlst**
- **Denke deine Zukunft**
- **Nachdenken muss dich glücklich machen**
- **Du bist das Ergebnis deiner Gedanken von gestern**

Steigere deine Zufriedenheit

Unzufriedenheit reduziert deine Lebensqualität

Unzufriedenheit entsteht durch zu hohe Ziele, Ansprüche, Wünsche oder Erwartungen, vor allem, wenn du sie -meist unbewusst- als unerreichbar erlebst.

Entscheide dich für eine bewusste Unzufriedenheit

Bewusste Unzufriedenheit ist wichtig und hat positive Auswirkungen, da sie eine Motivation für neue Ziele und Erwartungen darstellt.

Es ist wichtig, dass du dir genau überlegst, womit du unzufrieden sein willst. Bewusste Unzufriedenheit ist der Motor, der uns antreibt, weiterzugehen, neue Erfahrungen zu machen und uns weiterzuentwickeln.

Wenn wir frustriert oder mit einem Ereignis unzufrieden sind, neigen wir dazu, uns etwas zu kaufen, oder wir gönnen uns etwas. Letztlich bringt das aber nur kurzfristig Befriedigung.

Wenn du mit dem, was du hast, nicht zufrieden bist, wirst du auch mit dem, was du zusätzlich haben willst, auch nicht zufrieden sein. Wirkliche Zufriedenheit kommt nicht von materiellen Dingen, sondern von deiner Einstellung zu den materiellen Werten in deiner Situation.

Entscheide dich für Zufriedenheit

Deine Zufriedenheit hat wenig mit deiner materiellen oder sozialen Situation zu tun. Zufriedenheit ist vielmehr eine Frage deiner inneren Einstellung zu deiner Situation.

Das heißt aber auch, dass nur du selbst für deine Zufriedenheit verantwortlich bist. Du hast erst eine Chance zufrieden zu sein, wenn du dich wirklich dafür entscheidest, mit dem, was du hast und erlebst, zufrieden zu sein.

Höre auf, unzufrieden zu sein, sei einfach zufrieden

Sei egoistisch

Alterozentrierter Egoismus macht dich erfolgreich

Alterozentrierte Egoisten sind erfolgreich, erreichen ihre Ziele mit weniger Aufwand. (Alterozentrierung meint; andere gedanklich in den Mittelpunkt stellen.)

Wenn du in der Lage bist, Freunde und Kollegen für deine eigenen Ziele zu begeistern und bringst sie dazu, deine eigenen Ziele zu unterstützen oder Teilaufgaben zu übernehmen, dann erreichst du deine Ziele nicht auf Kosten anderer, sondern mit Hilfe anderer.

Erreiche deine Ziele nicht auf Kosten anderer, sondern mit Hilfe anderer

Denkzettel: Alterozentrierter Egoismus

- Sei egoistisch - aber nie auf Kosten anderer
- Denke und handle alterozentriert
- Hole dir ständig Feedback
- Höre zu! Wenn du sprichst, lernst du nichts
- Schaffe in deinem Umfeld eine Vertrauenskultur
- Baue dir ein biophiles Netzwerk auf

Entwickle einen Plan B

Ein Plan B macht dich unabhängig

Egal, ob du selbstständig oder in einem abhängigen Arbeitsverhältnis bist, wenn du mit der jetzigen, Situation nicht mehr zufrieden bist, solltest du überlegen, welche Alternativen hast, um dein Leben und deinen Lebensunterhalt zu gestalten.

Wenn du die Sicherheit gewinnst, dass du auch ohne die jetzige Beschäftigung gut leben kannst, verlierst du deine Existenzängste und deine Abhängigkeiten; d.h. du wirst autonomer und selbstsicherer und kannst anders auftreten.

Das hat zur Folge, dass du akzeptiert und automatisch erfolgreicher wirst.

Ein Plan B macht dich selbstsicher

Selbstakzeptanz

Wenn du dich magst mögen dich auch andere

**Akzeptiere dich,
damit du von Anderen respektiert wirst**

Strahle Selbstsicherheit aus

Wenn du scheiterst, ist es häufig weniger die fehlende Fähigkeit als die fehlende Selbstsicherheit.

Menschen, die mit sich nicht zufrieden sind, Minderwertgefühle haben, sich Ihre Defizite bewusst machen, sich nicht gesund fühlen usw., sind anfällig für Krankheiten. Sie werden von anderen nicht geschätzt und geachtet. Als Zuwendung bekommen sie höchstens Mitleid.

Menschen, die Selbstsicherheit ausstrahlen, erleben, dass sie von anderen akzeptiert werden, andere auf sie zugehen, sie mehr Kontakte bekommen usw. Sie fühlen sich wohl und sind gesünder.

Kein Mensch kann sehen, wie es in deinem Inneren aussieht. Andere können nur sehen, wie du auf sie wirkst.

Wenn du - egal, wie du dich selbst im Augenblick fühlst - Selbstsicherheit simulierst, wirst du feststellen, dass du dich selbst wohler fühlst und dass du auf andere eine positivere Wirkung hast.

Selbstsicherheit strahlst du aus, wenn du andere anschaust, Blickkontakt hältst, eine positive Mimik zeigst und lächelst, „beschwingt" gehst, aufrecht stehst, die Schultern hoch und nach oben nimmst, ruhig stehst, dein Gewicht auf beide Beine verteilst, beim Sprechen Gestik machst usw., usw..

Das Ganze klingt zunächst wie Schauspielerei. Überlege jedoch, wie oft du jetzt schon tagtäglich unterschiedliche Rollen spielst, je nachdem, ob du dich als Partner, Freund, Kollege, Chef, Mitarbeiter oder als Verkehrssünder usw. verhältst. (Deine Kinder würden sich wundern, wenn du erleben, wie du dich sich verhältst, wenn du mit einem Polizisten über die 30 Euro Bußgeld verhandelst.)

Eine sozial reife Persönlichkeit beherrscht viele Rollen, die für die je unterschiedlichen Situationen des Alltags geeignet sind, und wirkt dabei authentisch.

Durch Ausprobieren und Wiederholen hast du die verschiedenen Rollen - die du jetzt schon spielst - gelernt, z.B. als Partner, Vater, Mitarbeiter, Chef, Teammitglied usw.

Wenn du oft genug bewusst Selbstsicherheit simulierst, wirst du erleben, dass dieses Verhalten zur Komponente deiner Persönlichkeit wird und du dich dabei in allen möglichen Situationen auch selbstsicher fühlst.

Wenn du auf andere sicher wirkst, bekommst du von diesen Rückmeldungen, die man einem sicheren Menschen macht, und das macht dich noch sicherer.

Selbstsichere Menschen fühlen sich selbst wohler, werden von anderen akzeptiert und sind gesünder.

Selbstsicherheit bringt dir Akzeptanz

Sei einfach glücklich

Was ist eigentlich Glück?

Wenn du auf dem Weg zu einem eigenen Ziel bist, das du dir wirklich selbst ausgesucht hast, das erreichbar ist und bei dem du deine Stärken und positiven Eigenschaften einsetzen kannst, dann bist du glücklich.

Wenn du dieses Ziel dann erreicht hast, bist du zufrieden.

Dein Glück musst du selbst gestalten.

Wichtige Voraussetzungen dafür sind:
- Suche die immer neue, sinnvolle und erreichbare Ziele
- Gestalte dein Leben interessant, abwechslungsreich, spontan und variabel. Das verhindert Gewohnheit und den immer gleichen Trott und ist eine wichtige Voraussetzung für Glück.
- Suche immer neue Freundschaften und mache, wenn möglich, vertrauensvolle Beziehungen daraus.
- Sei altruistisch, teile, schenke, biete Hilfe zur Selbsthilfe an. Das macht dich und andere glücklich
- Stelle durch Meditation das innere Gleichgewicht zwischen Körper und mentaler Einstellung her.
(Goethe nennt das „Wohnen in sich selbst".)
- Verzichte auf Perfektionismus, Ehrgeiz, Vollkommenheit. Sei zufrieden, wenn die Dinge, du erledigst und du erlebst, „**gut genug**" sind - und du damit zufrieden bist. Zufriedenheit ist eine wichtige Basis für glücklich sein
- Bemühe dich um eine sinnvolle Arbeit oder Beschäftigung. Wenn das nicht geht, gebe deiner aktuellen Tätigkeit einen Eigen-Sinn.
- Suche vierblättrige Kleeblätter oder die „Blaue Blume" aus deiner Jugend - nicht, weil sie Glück bringen, sondern weil du glücklich bist, wenn du sie findest.

- Sei der Meister deines eigenen Lebens. Reagieren nicht auf Meinungen, Einstellungen und Vorstellungen deines sozialen Umfelds. Was andere von dem halten, was du bist, tust und hast, sollte dir gleichgültig sein - solange du es verantworten kannst.
- Gestalte deine Ziele und dein Leben sinnvoll, aktiv und vergnüglich.
-

Denkzettel: Glück

- **Jage dem Glück nicht hinterher, lerne Zufriedenheit**
- **Wenn du glücklich sein willst, brauchst du nur deine Wünsche zu reduzieren**
- **Positive Grundeinstellung ist die Basis für dein Glück**
- **Nimm dir die Zeit, dein Glück zu genießen**
- **Der Sinn deines Lebens ist es, glücklich zu sein**
- **Sammle die glücklichen Momente Deines Lebens**
- **Nachdenken muss dich glücklich machen**
- **Freude und Glück machen dich attraktiv**
- **Dein Glück hängt von der Beschaffenheit deiner Gedanken ab**
- **Das wahre Glück trägst du in dir**

Denken meint nicht die Priorisierung deiner Vorurteile

Glauben ist leichter als Denken

Feedbacksicherheit

Nutze Feedbacks, um deine Persönlichkeit zu entwickeln

Ein Feedback, d.h. eine Rückmeldung über das eigene Verhalten, wird von vielen Menschen - vor allem, wenn es negativ ist - als Vorwurf, persönlicher Angriff, Schuldzuweisung oder dergleichen betrachtet.

Je mehr die persönlichen Gewissenwerte eines Menschen mit der öffentlichen Moral und den Normen des sozialen Umfeldes übereinstimmen, (d.h. je weniger eigene Persönlichkeit er entwickelt hat), desto größer ist die Gefahr, dass er negative persönliche Rückmeldungen als Angriff empfindet und verletzt ist. Deshalb neigen viele Menschen nach einem Feedback dazu, beleidigt zu sein, sich in einer Spontanreaktion zu rechtfertigen, sich zu entschuldigen, oder mit Gegenvorwürfen usw. zu reagieren.

Wenn du sinnvoll und verantwortet mit Feedback zu deiner Person umgehen willst, solltest du folgende vier Schritte beachten:

Der **erste Schritt** ist grundsätzlich eine **positive Reaktion**. Wenn du nicht in der Lage bist, auf Rückmeldungen, vor allem auf negative Rückmeldungen positiv zu reagieren, erreichst du damit lediglich, dass du keine Rückmeldungen und damit auch keine Fremdbilddaten mehr bekommst; d.h., du kannst deine Wirkung auf andere nicht mehr abschätzen und gerätst in Gefahr, entweder isoliert und einsam oder eckig und kantig zu werden. Eine positive Reaktion auf ein Feedback könnte lauten. „Gut, dass du mich darauf hinweist", „Vielen Dank, dass du so offen bist, ich werde darüber nachdenken" usw. Darüber hinaus solltest du überlegen, dass der Erfolg in einem sozialen Umfeld (Unternehmen, Partei, Sportverein, Familie) ausschließlich vom Fremdbild abhängt und nicht etwa von dem Bild, das du selbst von dir hast oder in einem anderen Umfeld hattest. Um erfolgreich zu werden, musst du wissen. was andere von dir halten.

Im **zweiten Schritt** solltest du über jedes Feedback nachdenken und es analysieren. Vor allem, wenn das Feedback bei dir Aggressionen - entweder Autoaggression (beleidigt sein, verletzt sein usw.) oder Soziale Aggression (Wut, Ärger über den anderen usw.) - auslöst, kannst du davon ausgehen, dass ein „Wunder Punkt" in deinem eigenen Wertsystem angesprochen wurde. Dann bedeutet das, dass Handlungsbedarf deinerseits besteht.

Im **dritten Schritt** entscheidest du, ob du bereit bist, dein Verhalten zu ändern, d.h. dich anzupassen. Für viele Menschen ist das oft eine schwierige Entscheidung, vor allem, wenn das Feedback von einer „wichtigen Persönlichkeit" kommt. Die Anpassung sollte aber nie so weit gehen, dass du dein Selbst, den Kern deiner Persönlichkeit, oder deine handlungsleitende Werte änderst.

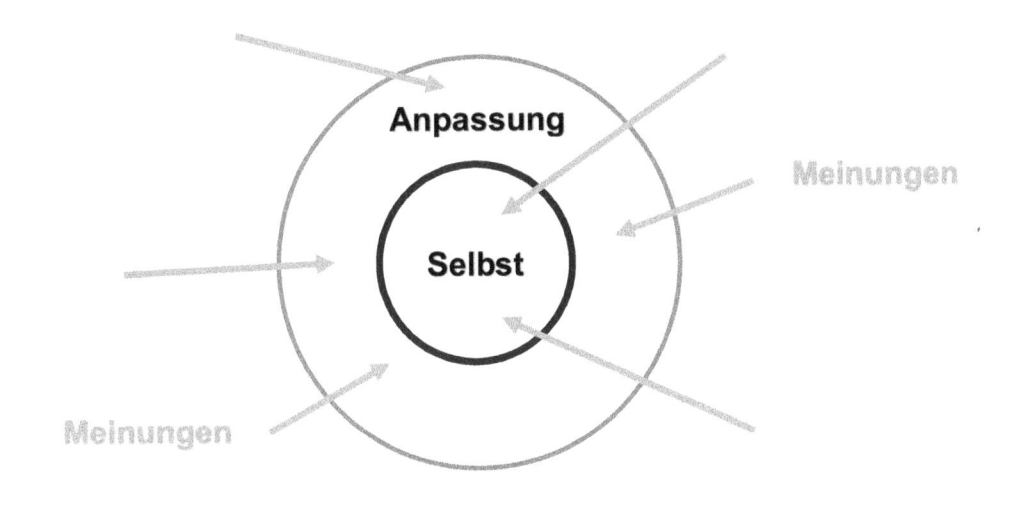

Anpassung nur bei Selbstbehauptung

Im **vierten Schritt** solltest du dem Feedbackgeber, nach einer Zeit des Nachdenkens (z.B. ein paar Tage) berichten, was du mit seinem Feedback gemacht hast.

Anpassung versus Selbstbehauptung

Entwickeln einer persönlichen Autorität bedeutet ein ständiges Ausgleichen zwischen Anpassung an die Wertvorstellungen des Unternehmens bzw. des aktuellen sozialen Umfeldes, und der eigenverantwortlichen Gestaltung des eigenen Selbst (Kern der Persönlichkeit, handlungsleitende Werte, eigenen Gewissens).

Wenn du dich in einer Hierarchie auf dem Weg nach oben zu sehr anpasst, wirst du auf einer höheren Hierarchiestufe Schwierigkeiten bekommen, weil du nicht über die dort notwendige persönliche Autorität verfügst. Wenn du dich zu wenig anpasst, wirst du kaum Karriere machen. Die Kunst besteht darin, auf dem Weg nach oben sich so anzupassen, dass du das eigene Rückgrat nicht verlierst.
(Eine Wirbelsäule haben alle, Rückgrat nur wenige.)

Wenn du eigene Meinungen und Standpunkte argumentativ vertrittst, wirst du in deinem sozialen Umfeld akzeptiert. Um deine soziale Verträglichkeit in deinem sozialen Umfeld zu gewährleisten, kannst du dich anderen Meinungen bei den Themen anpassen, die dir nicht so wichtig sind bzw. bei denen dein Selbst nicht betroffen ist.

Dein Selbst gestaltest du dadurch. dass du die Normen, die Moralvorstellungen deines sozialen Umfelds und die Feedbacks, die du bekommst, reflektierst - am besten im Dialog mit guten Freunden - und daraus deine eigenen Gewissenswerte ableitest. Wenn du dein Selbst eigenverantwortlich gestaltet hast, wirst du für jedes Feedback dankbar sein, weil es für dich eine Chance für eine Stabilisierung bzw. Entwicklung deiner Persönlichkeit darstellt.

Um Handlungssicherheit zu erreichen, ist es für einen sozial reifen Menschen wichtig, die Grenze zwischen seinem Selbst und seiner sozialen Verträglichkeit genau zu definieren.

**Wichtig ist das Gleichgewicht
zwischen Anpassung und Selbstbehauptung.**

Denkzettel: Feedbacksicherheit

- Feedbacksicherheit führt zu Akzeptanz
- Suche keine Anerkennung - suche Feedback
- Wenn du kein Feedback haben willst, hast du es dringend nötig
- Mit Feedback hilfst du nur dem Klugen
- Mit deinem Feedback zeigst du dein Interesse

Helfen

Wenn du hilfst, handelst du meist egoistisch

Helfen können wir nicht nur bei der großen Flutkatastrophe oder beim Ukrainekrieg, sondern auch der Nachbarin, die mit dem PC nicht zurechtkommt, oder im Verein, oder in der Schule, wenn wir eine Funktion und damit Verantwortung übernehmen.

Für das eigene Wohlbefinden und Selbstwertgefühl ist das Bewusstsein, dass wir Hilfe bekommen können, weniger wichtig, als dass wir wissen, dass wir anderen helfen können.

Was bringt Helfen dem Helfer

Menschen, die anderen helfen, sind meist gesünder, zufriedener und stressresistenter als andere. Menschen, die helfen, integrieren sich schneller und tiefer in Nachbarschaften, Vereinen, politischen Vereinigungen oder Teams, d.h. in allen sozialen Systemen, in denen man sich gegenseitig hilft, erreichen sie ein hohes Maß an Zusammengehörigkeit und sind erfolgreicher.

Mensch die helfen, haben ein stabileres Selbstwertgefühl, da sie Anerkennung, Bestätigung und gute Beziehungen bekommen.

Risiken beim Helfen

Hilfe annehmen können, setzt Selbstwertgefühl voraus. Wenn wir einem anderen helfen, fühlen wir uns überlegen, und der Empfänger unserer Hilfe fühlt sich unterlegen. Unreflektierte Hilfe kann den Empfänger in die Passivität führen und erreichen, dass er die Verantwortung für die eigene Hilflosigkeit an den Helfer delegiert.

Helfen muss dem Empfänger das Gefühl der Gleichwertigkeit erhalten und darf ihn von deiner Hilfe nicht abhängig machen.

Was solltest du beachten, wenn du anderen hilfst

Achte darauf, dass deine Hilfe - wenn irgend möglich - „Hilfe zur Selbsthilfe" ist, d.h. hilf dem Hilfebedürftigen herauszufinden, wie er das Problem selbst lösen kann. Damit sorgst du dafür, dass der Empfänger selbstständig und unabhängig werden kann (ist vor allem bei Kindern sehr wichtig).

Achte darauf, dass du durch deine Hilfsbereitschaft dir selbst nicht zu viel zumutest und dich damit selbst überforderst.

Achte darauf, dass du deine Hilfsbereitschaft nicht als Flucht vor den eigenen Problemen nutzt.

Achte darauf, dass du von „Hilfeschmarotzern" nicht ausgenutzt wirst. Sage rechtzeitig „Nein". (Hilfeschmarotzer sind Gift für jedes Team und jeden Verein.)

Achte darauf, dass du auch bereit bist, andere um Hilfe zu bitten, damit du nicht arrogant wirkst und wirst.

Achte darauf, dass deine Hilfe auch wirklich gewollt ist. Ungewollte Hilfe kann den Empfänger demütigen. Aufgedrängte Hilfe kann verletzen. (Oft lehnen Behinderte oder Kinder Hilfe ab, weil es für sie wichtig ist, Herausforderungen selbst zu bewältigen.)

Das Gegenteil von gut ist „gut gemeint"

Achte darauf, Empfänger deiner Hilfe auch einmal um einen Gefallen zu bitten, damit diese das Gefühl haben, etwas zurückgeben zu können.

Achte darauf, dass du deinen Selbstwert nicht aus deiner Hilfsbereitschaft ziehst. Hilfsbereitschaft darf nicht Selbstzweck werden, um Dankbarkeit zu generieren und dich selbst darüber zu stabilisieren.

Achte darauf, dass du die Probleme der Empfänger nicht zu deinen eigenen machst. Qualifiziert helfen kannst du nur, wenn du inneren Abstand zu deren Problemen hast.

Soziale Systeme
werden durch gegenseitige Hilfe erfolgreich

In Unternehmen sind Helfen und Hilfsbereitschaft u.U. problematisch, da dadurch oft systemische Fehler kaschiert werden und es somit schwierig wird, eine Organisation zu entwickeln, die ein gegenseitiges Helfen überflüssig macht.

Hilf nur, wo es sinnvoll ist

Helfen darf nur Hilfe zur Selbsthilfe sein

Denkzettel: Helfen

- **Hilf bewusst,
  damit der Empfänger nicht abhängig wird**
- **Hilf anderen, damit du stärker wirst**
- **Hilf anderen nicht bei Dingen, die sie selbst tun können, damit ihr Selbstwertgefühl erhalten bleibt**
- **Hilf bewusst,
  damit deine Hilfe als Wertschätzung ankommt**
- **Verzichte auf unerwünschte Hilfe, damit du den Empfänger nicht verletzt**
- **Gestalte deine Hilfe als „Hilfe zur Selbsthilfe",
  damit der Empfänger selbstständig werden kann**
- **Biete keine Hilfe an, wenn der andere das Problem selbst lösen kann**

Teile die Menschen in Freunde und Trainer ein

*Reich bist du, wenn du beschlossen hast,
dass es reicht*

Passivität ist Selbstmord

Alles Entscheidende entsteht „trotzdem"

Selbstmarketing

Gestalte bewusst dein Fremdbild

Jeder Mensch schätzt sich permanent selbst ein und entwickelt daraus ein Bild von sich: das **Eigenbild**.

Sein soziales Umfeld kann das Eigenbild des Menschen nicht erkennen; es erlebt lediglich die Wirkung, die der Mensch auf es hat und bildet daraus das **Fremdbild**.

Eine Entscheidung, ob ein Mensch seinem Eigenbild entspricht oder ob er so ist, wie andere ihn erleben, ist nicht möglich.

Für den Erfolg in einem sozialen System (Unternehmen, Verein, Familie usw.) ist allerdings nur das Fremdbild entscheidend; d.h. für den Erfolg im Leben ist nur maßgeblich, wie das soziale Umfeld den Menschen erlebt.

Selbstmarketing bedeutet, dass du deine Wirkung auf andere nicht dem Zufall überlässt, sondern bewusst gestaltest. Dafür gelten folgende Überlegungen:

- Zeige immer eine Körpersprache, die Selbstakzeptanz ausstrahlt
- Bei jedem Kontakt zeigst du ein freundliches Lächeln
- Bestätige mit deiner Mimik die Gesprächsbeiträge anderer
- Zeige immer eine offene Körpersprache
- In Meetings sitzt du aufrecht, wendest dich dem jeweils Sprechenden zu und zeigst Interesse
- Verwende in Gesprächen satt Wertungen ZDF (Zahlen, Daten, Fakten)

Wenn du zu anderen über dich sprichst und dabei Wertungen verwendest (z.B. sehr gut, schnell, häufig), wirkt das in der Regel nicht nur arrogant, sondern überlässt deinem Gesprächspartner auch die Interpretation dieser Wertungen.

Beispiel: Wenn du sagst: „Ich kann gut Englisch", überlässt du es deinem Gesprächspartner, was er unter „gut" versteht.
Wenn du stattdessen ZDF verwenden, z.B. „Ich habe zwei Jahre in England Verhandlungen geführt", kannst du ziemlich genau bestimmen, was er über deine Englischkenntnisse wissen soll.

Erstelle von dir ein Fähigkeitsprofil. Überlege, welche Eigenschaften, Kenntnisse und Fähigkeiten für den Erfolg in einem bestimmten Unternehmen, Verein usw. oder für deine Aufgaben wichtig sind (z.B. Teamfähigkeit, Führungsfähigkeit, Verhandlungsfähigkeit usw.) und integriere diese implizit in deine Berichte und Erzählungen.

Erstelle für jede Zielperson ein anderes Fähigkeitsprofil. Orientiere die Fähigkeiten, die implizit bei jeder Erzählung oder jedem Bericht enthalten sind, immer an den Interessen deines Gesprächspartners.

Beispiel: Wenn dein Gesprächspartner dein Chef ist, baust du Eigenschaften, wie Durchsetzungsvermögen, Ergebnisorientierung, Eigeninitiative, Verantwortungsbereitschaft, Entscheidungsfähigkeit usw., in deinen Bericht ein.

Wenn dein Gesprächspartner dein Kunde ist, erwähnst du Eigenschaften, wie fachlich kompetent, ehrlich, zuverlässig, eigenverantwortlich, sympathisch usw.

Wenn dein Gesprächspartner ein Kollege ist, berichten du über Eigenschaften, wie ehrlich, kooperationsbereit, vertrauenswürdig, fair usw.

Das bedeutet, wenn du von einer Konferenz, einem Auslandsaufenthalt oder vom Urlaub berichtest, erzählst du jedem Gesprächspartner eine andere Variante der Erlebnisse. Gemeint ist nicht, dass du die Unwahrheit sagen sollst, sondern, dass du aus deinem Kompetenzpotenzial jeweils die Fähigkeiten auswählen, die dein Selbstmarketing unterstützen.

Selbstmarketing ist wichtig für deinen Erfolg

Denkzettel: Selbstmarketing

- Aktualisiere ständig dein Fähigkeitsprofil
- Passe dein Fähigkeitsprofil, das du berichtest, der jeweiligen Situation an
- Trainiere selbstbewusstes Auftreten

Ersetze Toleranz durch Akzeptanz

*Wenn Peter über Paul spricht,
sagt er mehr über Peter als über Paul*

Streiten ist Hilflosigkeit

Wenn du streitest, verlierst du immer

Einen Streit brechen wir in der Regel vom Zaun, wenn wir keine Alternativen mehr sehen können; d.h. wenn wir hilflos sind. Die übliche Kompensation dieser Hilflosigkeit ist dominantes Verhalten, wie Schuldzuweisungen, Vorwürfe, Unterstellungen, Anweisungen usw. Da niemand im Streit Dominanz ertragen kann, erzeugen wir damit nur Widerstand.

Ein Streit entsteht in der Regel dadurch, dass einer der am Streit Beteiligten einen „Intrapersonalen (inneren) Konflikt" hat, diesen nicht selbst aufarbeiten und sich dadurch nicht anders helfen kann, als den anderen anzugreifen. **Streiten ist der Versuch, eine Konfliktaufarbeitung zu vermeiden und bringt in der Regel keine Lösung.**

Wenn wir uns ärgern oder wenn wir verletzt sind, schüttet unser Gehirn Adrenalin. Adrenalin macht uns kampfbereit, verhindert aber auch, dass wir vernünftig und bewusst handeln können. In der Regel sind wir auch nicht in der Lage, auf das Streiten zu verzichten. Wenn wir Adrenalin geschüttet haben, können wir auch nicht erkennen, dass man die Situation auch anders wahrnehmen könnte; d.h. wir halten unsere Wirklichkeit für die Realität und sind felsenfest davon überzeugt, dass wir im Recht sind und unser Partner das Ganze falsch sieht. Die psychologische Erkenntnis, dass jeder Mensch durch seine Wahrnehmung sich seine eigene Wirklichkeit schafft, gilt für vor allem, wenn wir uns ärgern.

Andererseits dient ein Streit unserer emotionellen Entlastung und verhindert, dass wir Dinge, die uns ärgern, „schlucken" und damit die Grundlage für Somatisierungen, d.h. die Basis für Krankheiten schaffen.

Eskalation

Wenn du also unbedingt streiten musst, solltest du zumindest alles vermeiden, was zu einer Eskalation des Streites führt.

Vermeide im Streit **Generalisierungen**.
Generalisierungen werden von deinem Partner (oder vom Kind, oder Mitarbeiter) als Verletzungsabsicht empfunden. Mit Formulierungen, wie „Nie räumst du Dein Zimmer auf", oder „Dauernd kommst du zu spät" sprichst du nicht über einen Sachverhalt, sondern greifst deinen Partner an.

Vermeide **Aufzählungen**.
Formulierungen, wie: „Gestern, am Montag und am Dienstag bist du zu spät zum Essen gekommen", werden von Ihrem Partner als dominantes Verhalten erlebt und reduzieren die Akzeptanz.

Wenn ein Sachverhalt, der dich ärgert, öfter passiert, nimmst du ein Beispiel heraus, um darzustellen, wie du es erlebt hast. Z.B. „Am Dienstag bist du eine halbe Stunde zu spät zum Essen gekommen, ich erlebe das als geringe Wertschätzung meiner Arbeit".

Verzichte auf **Ratschläge,** Vorschläge oder Hilfsangebote.
Sie werden meist als Demütigung empfunden.

Verzichte auf **Schuldzuweisungen**.
Formulierungen wie „Du hast Dich zu wenig um unsere Kinder gekümmert" oder „Du hast zu teuer eingekauft", sind ein Versuch, Macht auszuüben und sind daher kontraproduktiv. Sie erhöhen nur den Widerstand.

Vermeide **Unterstellungen**.
Formulierungen wie „Du weisst doch ganz genau" sind sehr dominant und erzeugen auch nur Widerstand.

Vermeide **Wertungen**.
du kannst Wertungen immer durch Fakten ersetzen. Statt „Du hast viel zu lange gebraucht, um Dich anzuziehen" kannst du auch sagen, „Du hast 20 Minuten gebraucht, um Dich anzuziehen". Das ist nicht angreifbar.

Reaktion

Wenn dein Partner seine Frustration dadurch loswerden will, dass er mit dir zu streiten beginnt, musst du dir bewusst machen, dass:

- er einen Konflikt hat und nicht Du
- wenn du dich auf den Streit einlässt, es immer einen Verlierer gibt
- wenn du „zurückschlägst", es zu einer Eskalation kommt
- jede dominante Reaktion zu Machtkämpfen führt.

Nur, wenn du auf die Schuldzuweisungen, Vorwürfe, Unterstellungen oder Beleidigungen usw. **nicht** eingehst, hast du eine Chance, dass sich die Atmosphäre wieder beruhigt.

Wichtig ist, dass du bei Gelegenheit deinen Partner auf das strittige Thema ansprichst und vereinbarst, wie ihr damit in Zukunft umgehen wollt.

Streiten ist Hilflosigkeit

Denkzettel: Streiten

- Gewinnen kannst du nur, wenn du nicht zurückschlägst
- Es gibt: meine Wirklichkeit, Deine Wirklichkeit und die Realität
- Wenn du nicht streiten willst, kann niemand mir dir streiten
- Wenn du Streit sähst, kannst du die Ernte gleich mitnehmen
- Die Werte eines Menschen kannst du Sie am besten beim Streiten erkennen

---

Was dich betroffen macht, hat getroffen

*Versuche nicht andere,
sondern Dich selbst zu übertreffen*

*Das Bemerkenswerte an dir sind
deine Ecken und Kanten*

*Nicht was du erlebst, sondern
wie du es erlebst, prägt dich*

Probleme löst du durch Handeln

Weitere Bücher des Autors

**Denkzettel
für Ihre
Lebensqualität**
ISBN: 9783751924634
2020

**Denkzettel
für Ihre
Führungsqualität**
ISBN: 9783751999809
2020

Milton Keynes UK
Ingram Content Group UK Ltd.
UKHW030703231024
449918UK00007B/42